GARABATOS ANTi STRESS
Calming Creations

Libro de Garabatos para
Calma y Relajación

INTRODUCCION

Bienvenido a un reino de creatividad ilimitada donde la tradición se encuentra con la innovación y la imaginación no conoce límites. En este libro de colorear único y poco convencional, nos embarcamos en una exploración de la expresión a través del poder transformador de los métodos de inversión y deconstrucción.

Dentro de las páginas de esta obra maestra creativa, trascendemos los límites convencionales de los libros para colorear. En cambio, nos convertimos en arquitectos de nuestros propios mundos, dando forma a lo intangible y dándole forma a lo abstracto. La liberación y la originalidad son nuestras estrellas guía mientras manejamos las herramientas de la creatividad con una libertad sin precedentes.

Con cada trazo del bolígrafo, las líneas bailan por la página, trazando los contornos de nuestros sueños. Aquí, el juicio no tiene influencia y cada marca es un testimonio de nuestra imaginación e intención sin límites.

A medida que nos sumergimos más en esta experiencia de trazos y garabatos, encontrando relajación y alivio ante el stress cotidiano y la ansiedad. Dejemos que los símbolos emerjan desde las profundidades de nuestro subconsciente, encendiendo conexiones entre líneas y colores.

Únete a nuestra comunidad mientras abrazamos la belleza de la inversión y damos vida a este libro con líneas, colores y símbolos. Juntos, celebremos las infinitas posibilidades de la creatividad humana y la magia que reside dentro de cada uno de nosotros mientras encontramos paz y armonía.

Cobity ART

YOGA PARA EL CEREBRO

Esta técnica puede ser comparada con el yoga. Así como el yoga físico promueve la flexibilidad y el bienestar corporal, el garabateo promueve la flexibilidad y el bienestar mental, permitiendo a las personas liberar tensiones y abordar un estado de creatividad.

El garabateo consciente mejora tu estado mental. Unos minutos de garabateo consciente pueden ser suficientes para mejorar significativamente tu estado de ánimo y perspectiva sobre las cosas. Presta atención a cómo te sientes antes y después de una sesión de garabatear.

Esta técnica de meditación activa implica abordar un libro desde un ángulo no convencional. Hablamos de un libro deconstruido y aún por construir, sin una progresión lineal estricta, donde la forma y el tema se entrelazan con la mente del lector. Estos libros no son productos acabados ya que tú te conviertes en el co-autor.

El enfoque de este libro fomenta la creatividad y el pensamiento no lineal e innovador al desafiar los métodos convencionales de contar historias. Permite descubrir perspectivas alternativas y despertar soluciones inesperadas o innovadoras. Al alejarse de la estructura lineal, este enfoque invita a los lectores a participar en la creación de contenido y reinterpretación de la obra.

Ya sea aplicado a la escritura, el arte, el diseño o cualquier otro esfuerzo creativo, garabatear permite a las personas liberarse de limitaciones y adoptar un enfoque más flexible y abierto. Este método promueve la experimentación y la libertad artística, alentando a los creadores a explorar nuevos caminos y descubrir el potencial ilimitado de su imaginación.

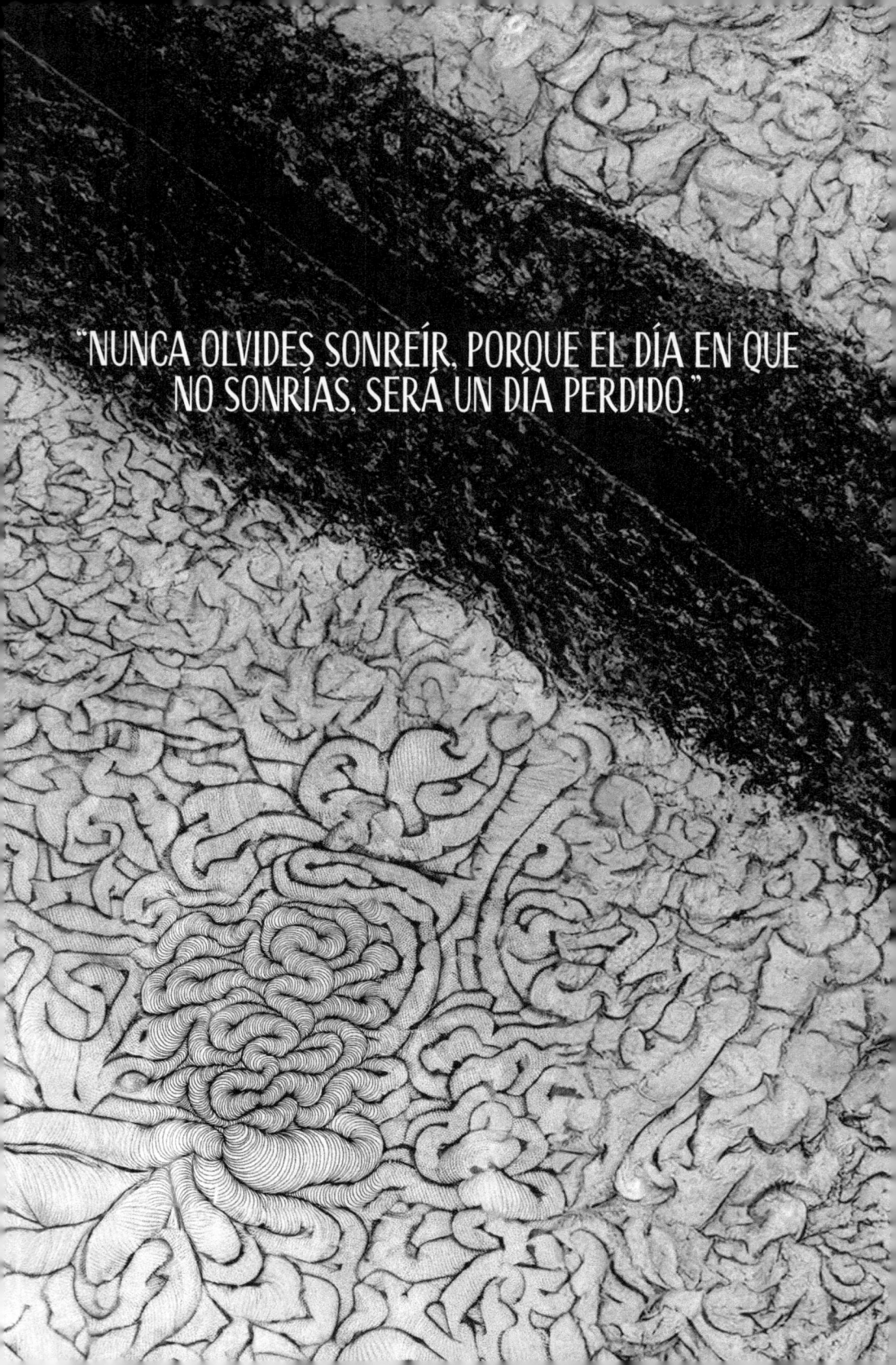

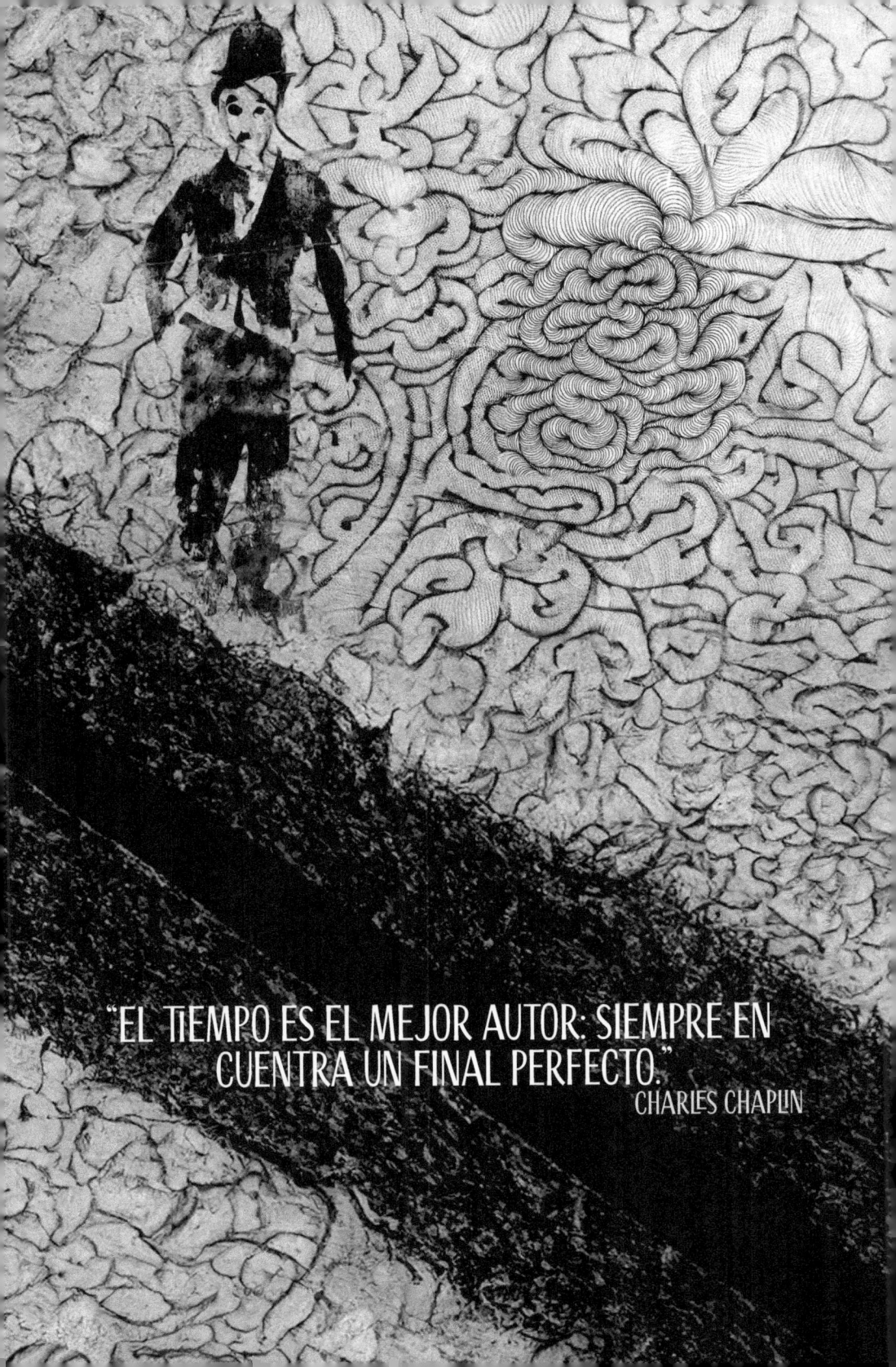

ZONA PARA COLOREAR

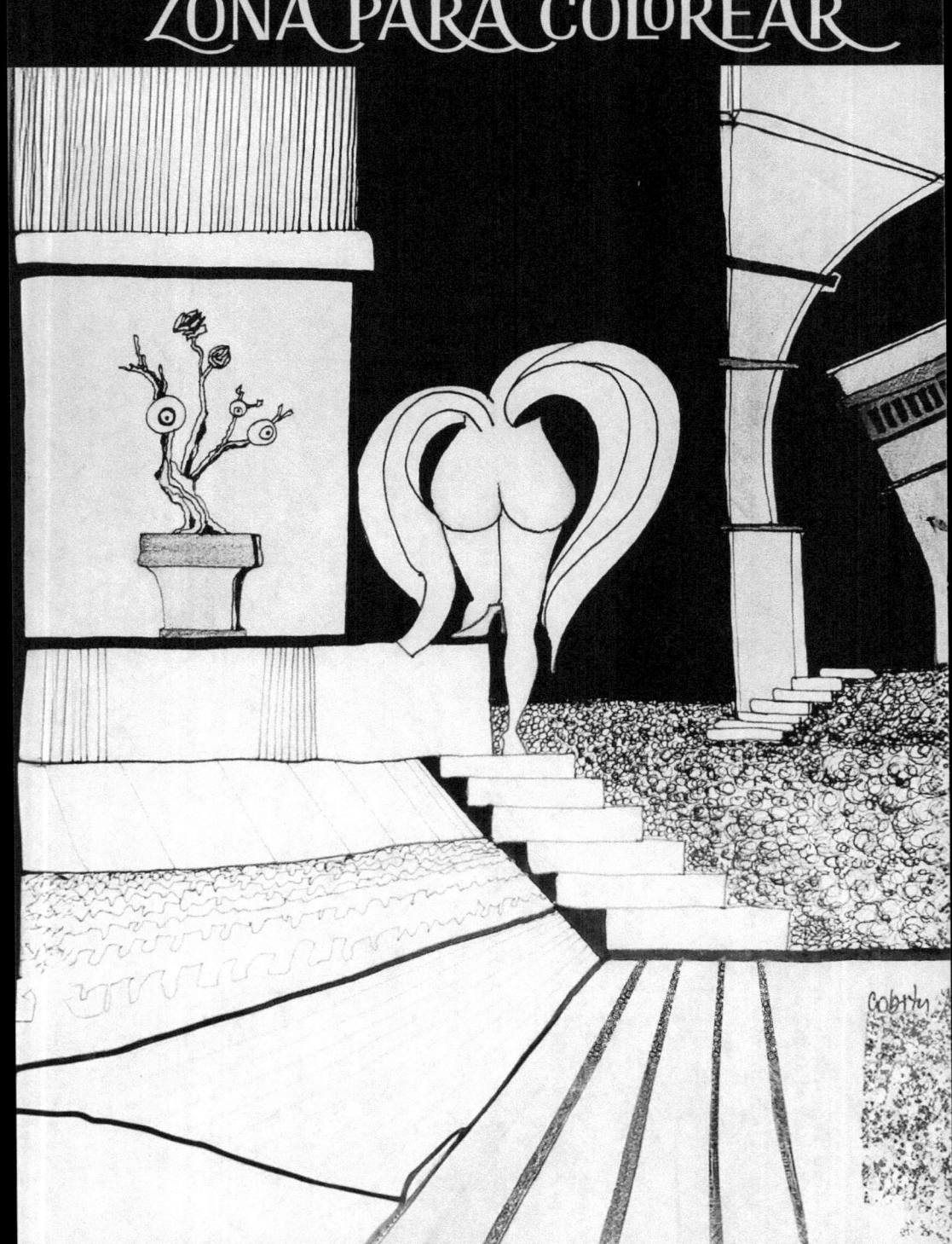

ZONA DE GARABATOS

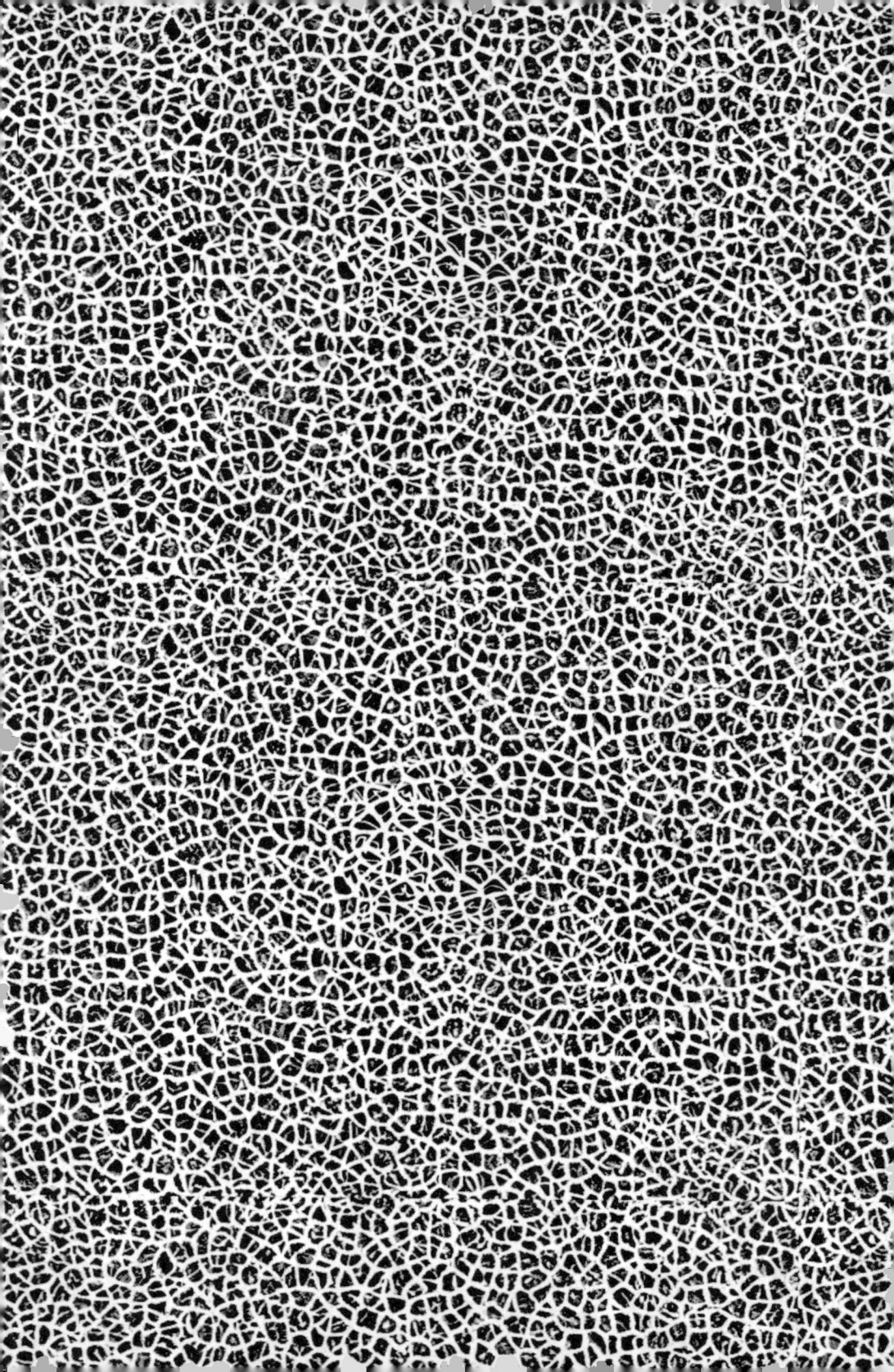

ZONA DE CONSEJOS
CREA TUS PROPIOS PATRONES

Descubre la alegría de diseñar tus propios trazos. Libera tu creatividad mientras exploras posibilidades para personalizar tu obra de arte. Este libro proporciona el espacio para dar vida a tu imaginación.

Ya seas un artista experimentado o apenas estés comenzando tu viaje creativo, este libro ofrece una oportunidad perfecta para desarrollar tus habilidades y expresarse artísticamente. Sumérgete en el mundo del garabato y deja volar tu imaginación mientras experimentas con diferentes formas, líneas y texturas.

Desde intrincados patrones geométricos hasta diseños orgánicos caprichosos, las posibilidades son infinitas. Explora diversas técnicas como la repetición, la simetría y la superposición para crear composiciones visualmente impresionantes. Experimenta, experimenta y experimenta. ¡Simplemente hazlo!

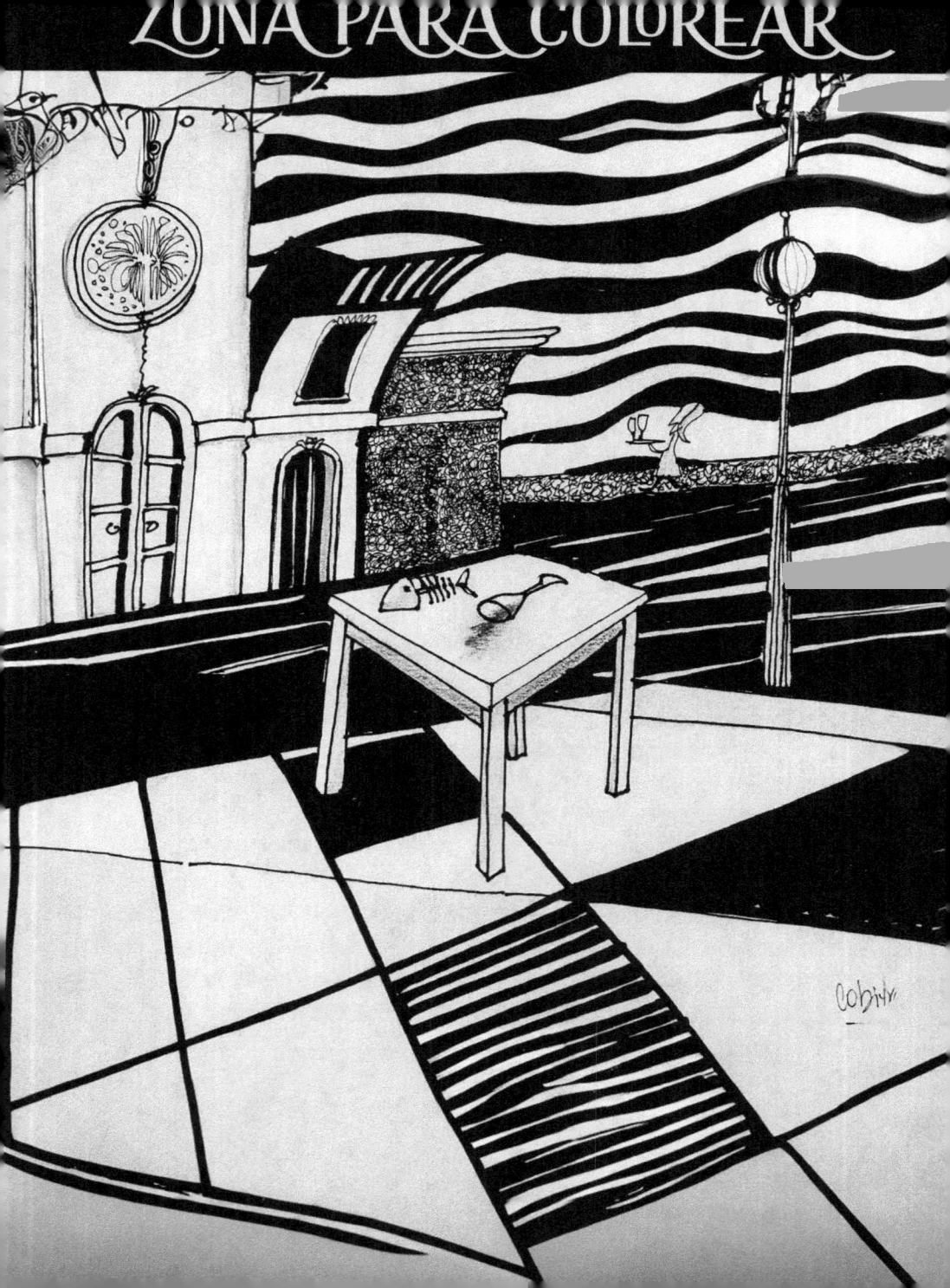

ZONA DE GARABATOS

CITAS CITABLES
QUE AMAN LOS ARTISTAS
MARK TWAIN

"Dentro de veinte años estarás más decepcionado por las cosas que no hiciste que por las que hiciste. Así que suelta las amarras. Atrapa los vientos alisios en tus velas. Explora. Sueña. Descubre"

"La amabilidad es un lenguaje que los sordos pueden escuchar y los ciegos pueden ver."

"Mantente alejado de aquellas personas que tratan de menospreciar tus ambiciones. Las personas pequeñas siempre lo hacen, pero los verdaderamente grandes te hacen sentir que tú también puedes ser grande."

"Empezar es el secreto para salir adelante."

ZONA PARA COLOREAR

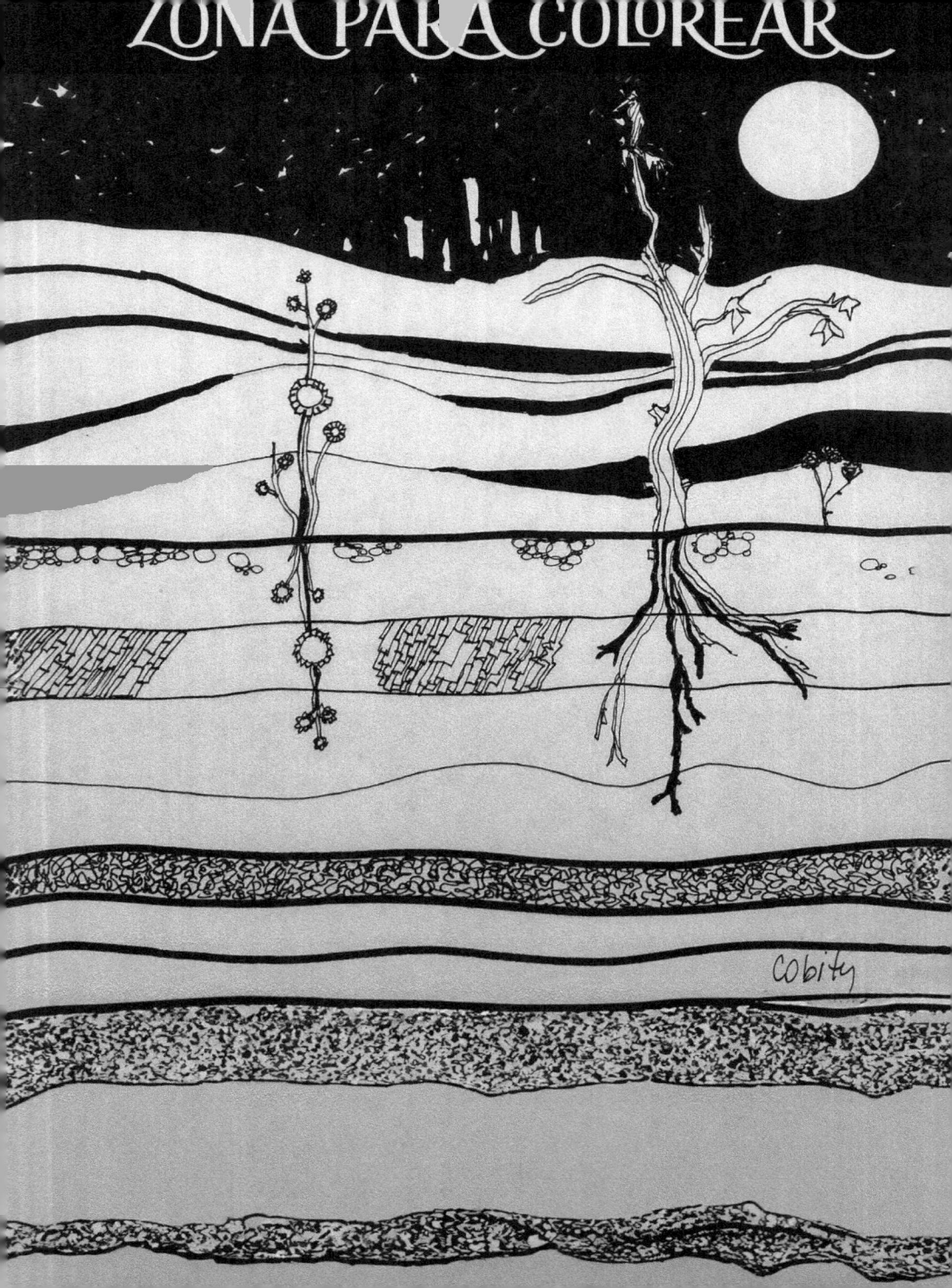

ZONA DE GARABATOS

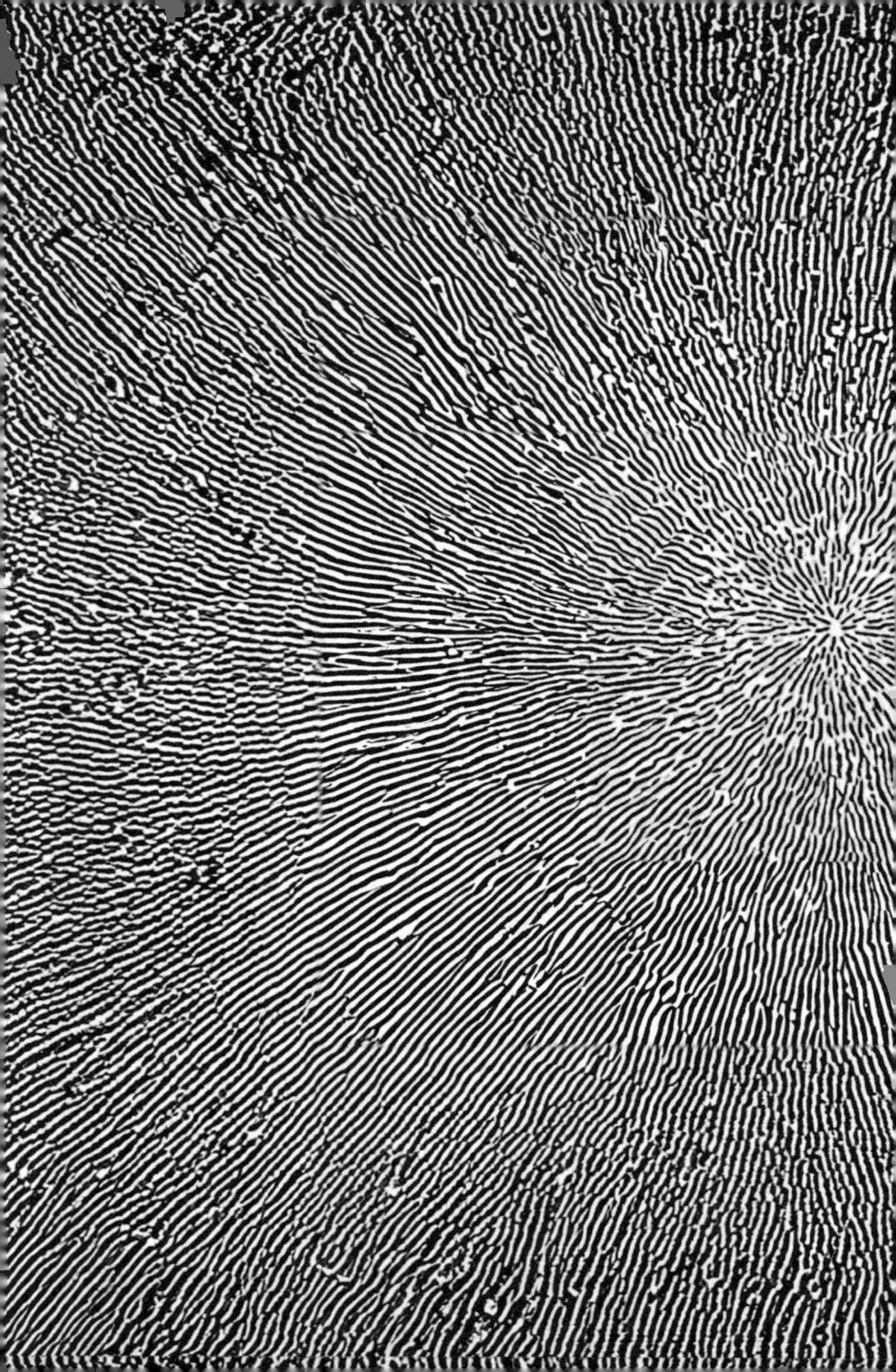

CITAS CITABLES

QUE AMAN LOS ARTISTAS
PABLO PICASSO

"El arte es una mentira que nos hace comprender la verdad."

"El propósito del arte es lavar el polvo de la vida diaria de nuestras almas."

"Pintar es solo otra forma de mantener un diario."

"El mundo de hoy no tiene sentido, así que ¿por qué debería pintar imágenes que lo tengan?"

"El arte no es la aplicación de un canon de belleza, sino lo que el instinto y el cerebro pueden concebir más allá de cualquier canon."

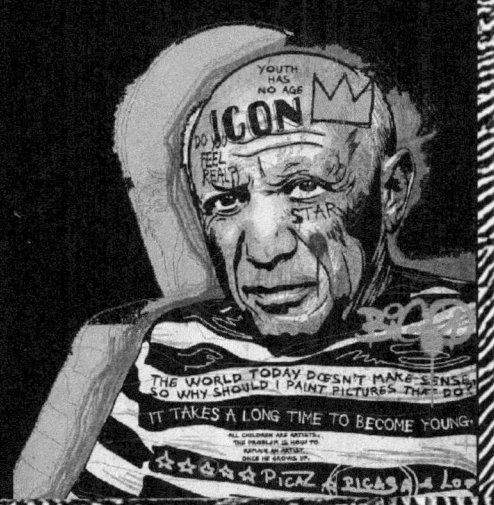

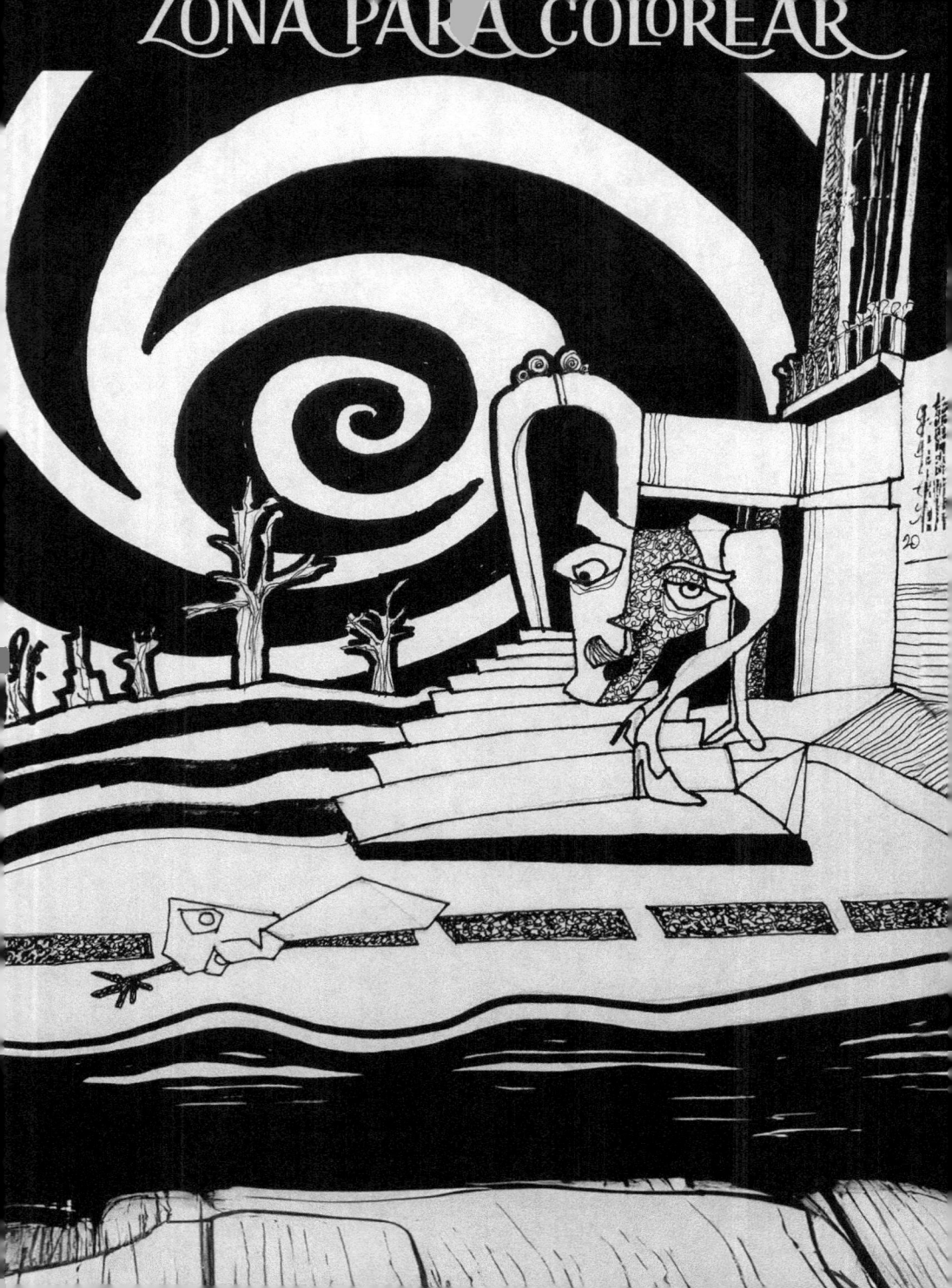

ZONA DE GARABATOS

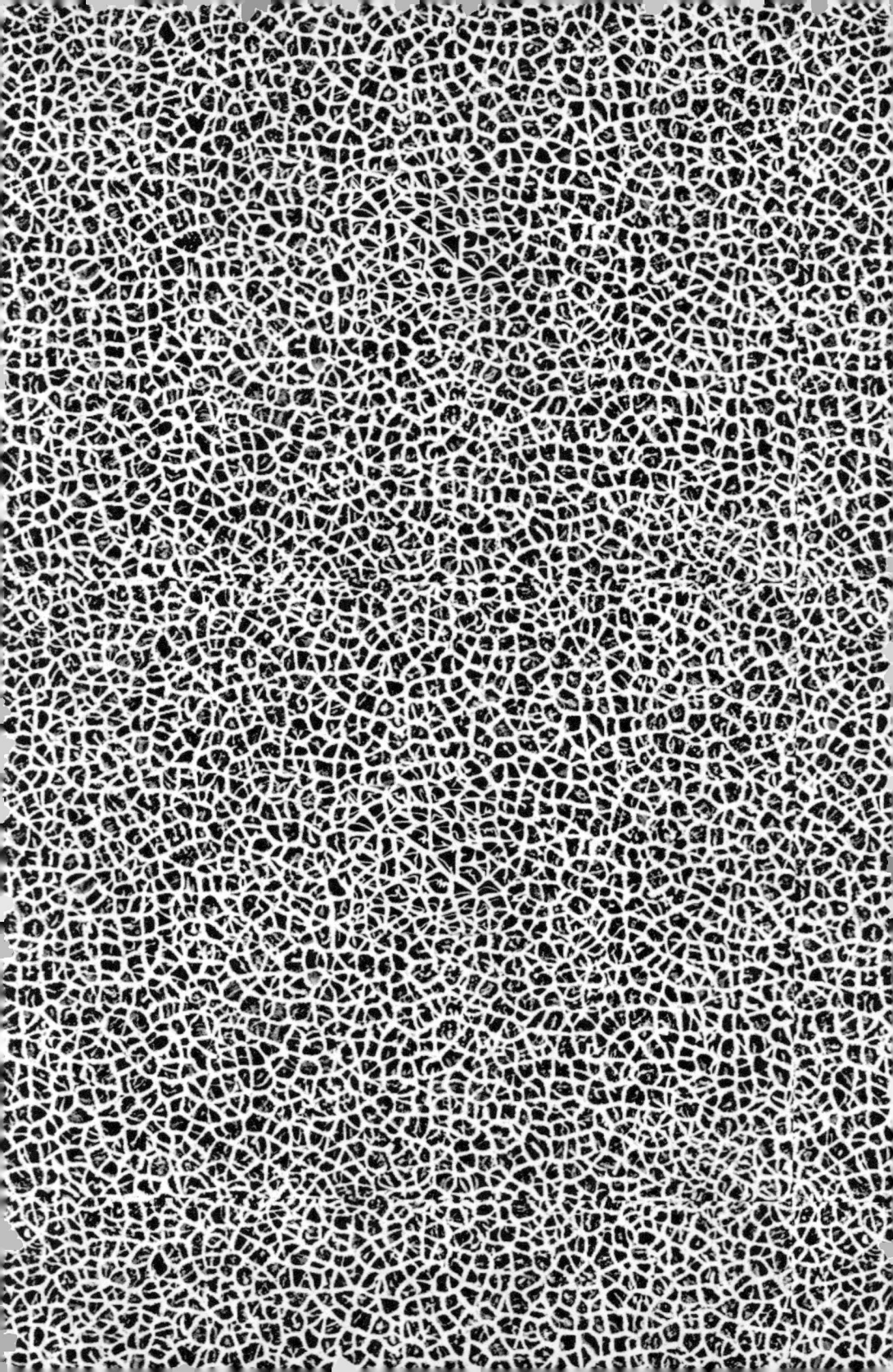

ZONA MEDITATIVA

"SIMPLEMENTE OBSERVA MIENTRAS LO HACES. ESTO ES MEDITACIÓN."

Sin juicio, sin aprobación o desaprobación. ¡Los garabatos no requieren ninguna comparación con el realismo o las fotografías! Cuanto más practiques, más desarrollarás tu propio lenguaje visual y confianza. Garabatear provoca un estado de apertura mental y flujo que te libera de la presión del tiempo.

El garabateo puede ayudarte a crear espacio en tu mente y organizar tus pensamientos. Hacer garabatos es una herramienta simple, accesible y rápida para aliviar la ansiedad o el estrés.

ZONA PARA COLOREAR

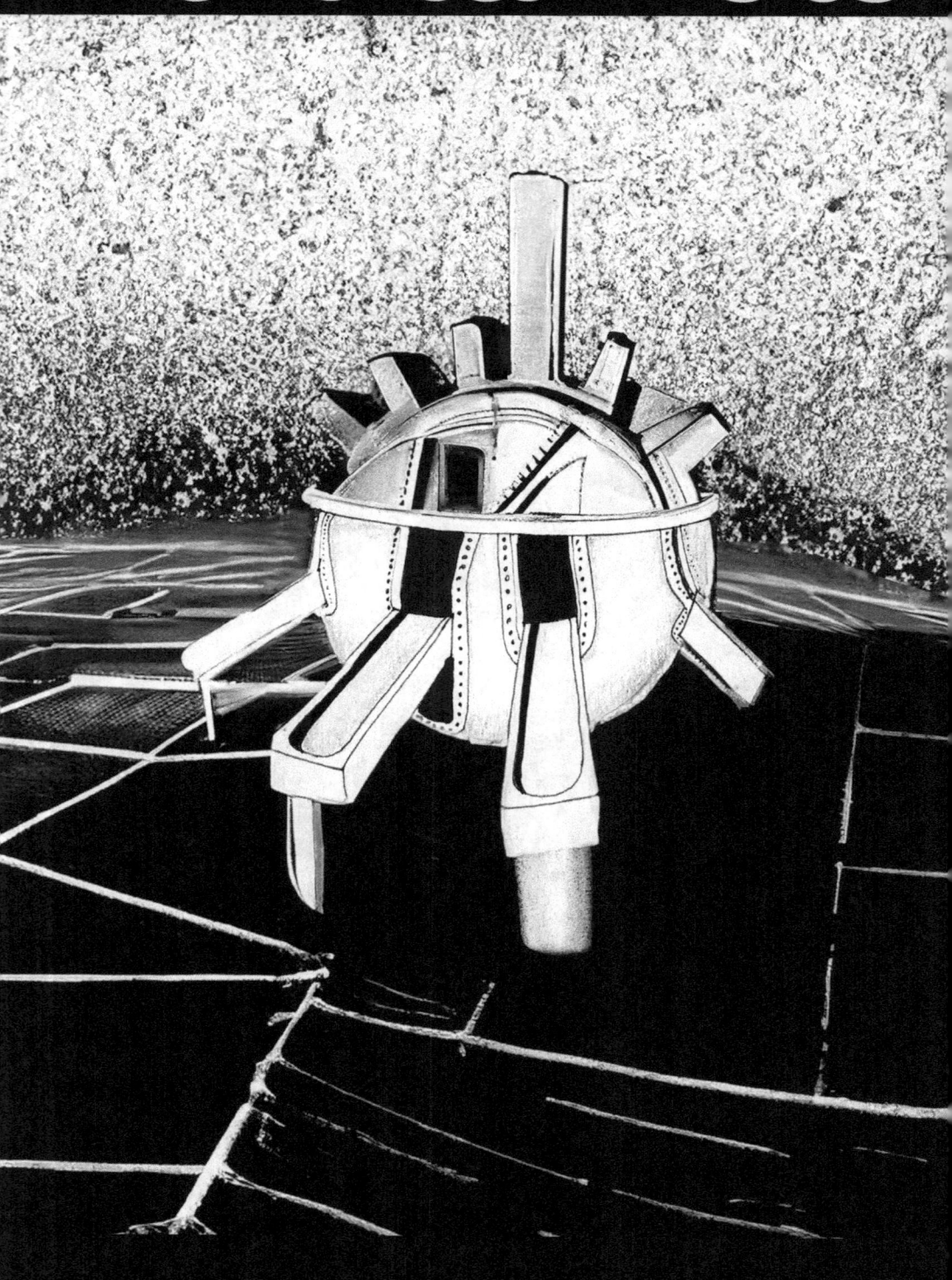

ZONA DE GARABATOS

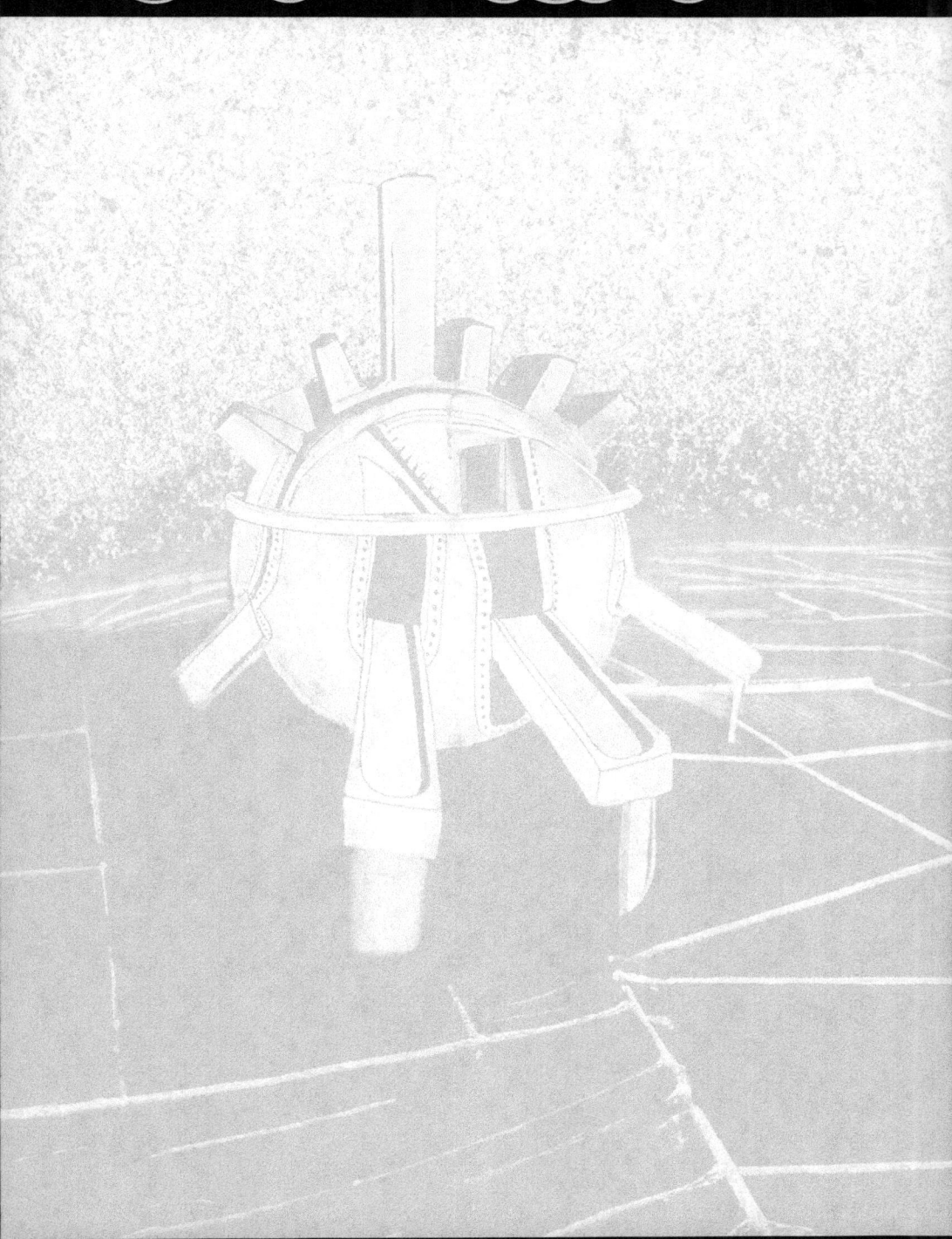

CITAS CITABLES
JIDDU KRISHNAMURTI

"La observación sin evaluación es la forma más elevada de inteligencia humana."

"La paz no es algo que se logra externamente, sino que nace dentro del corazón."

"La inteligencia es la capacidad de observar sin juzgar."

"El pensamiento no puede conducir a la comprensión. La comprensión surge cuando el pensamiento se detiene."

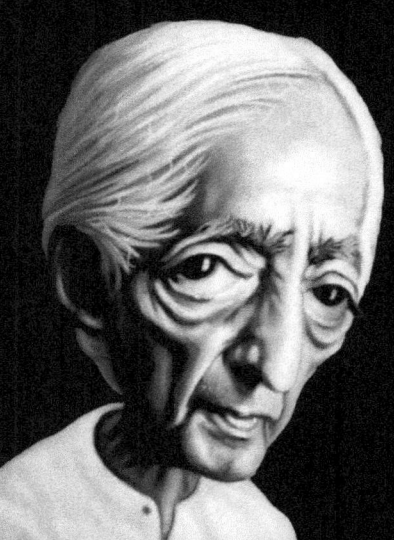

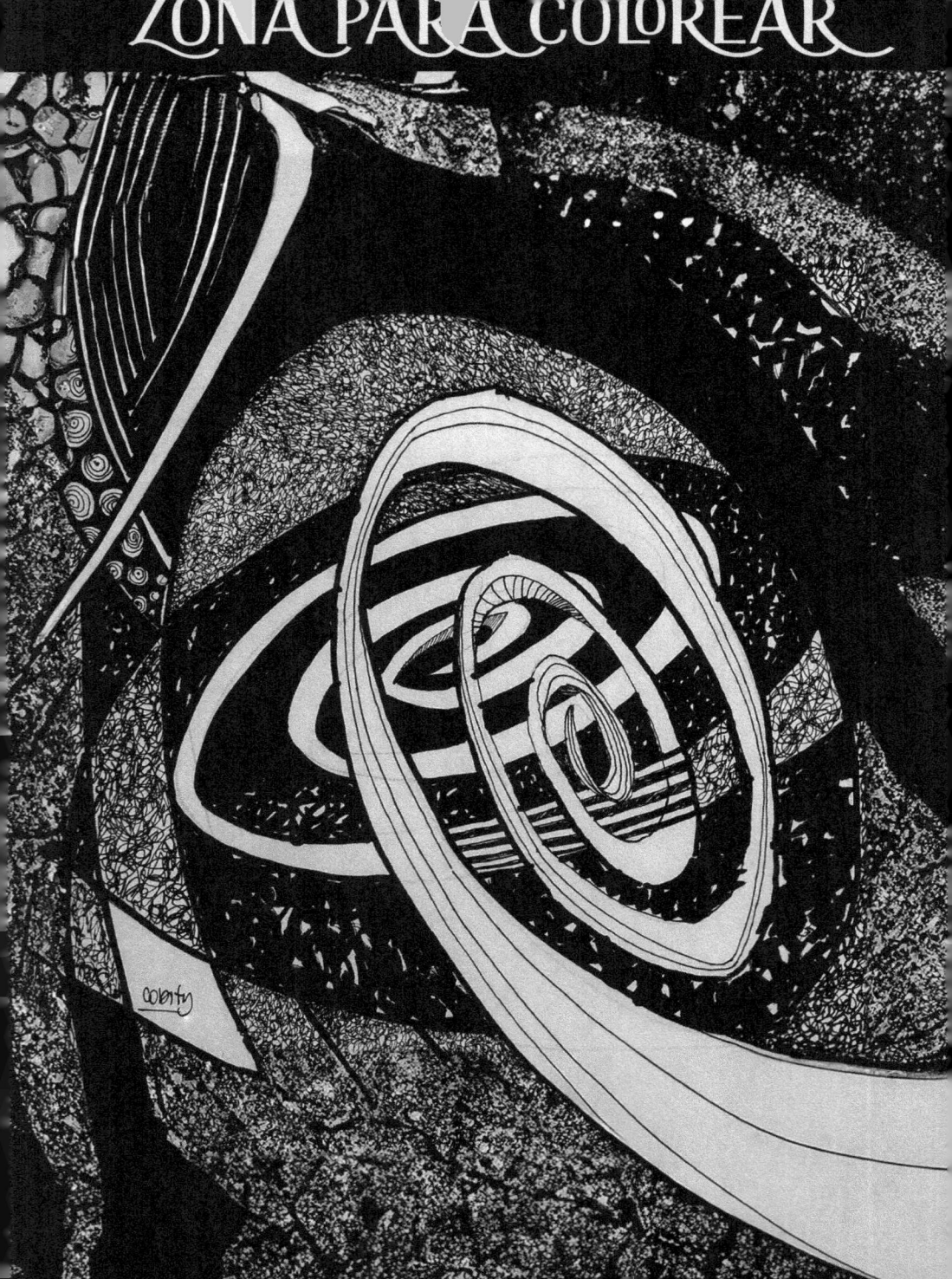

ZONA DE GARABATOS

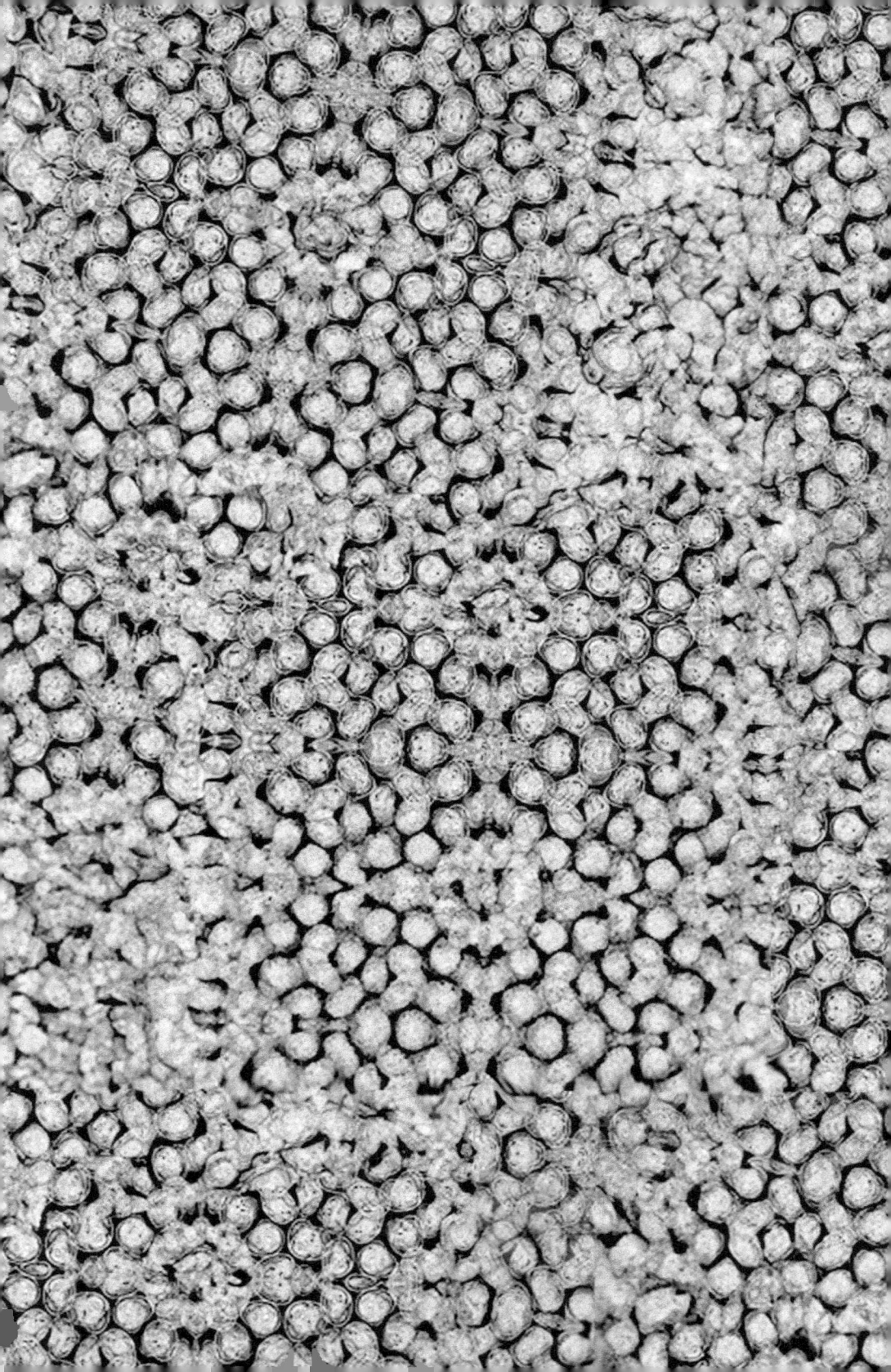

ZONA DE CONSEJOS
TRAZOS CREATIVOS
"ENCUENTRA TU MANO"

Variar la presión y el ángulo de tu bolígrafo o lápiz puede crear diferentes trazos y efectos en tus dibujos o escritura. Experimentar con estas variables puede ayudarte a lograr la textura, sombreado y grosor de línea deseados en tu obra de arte. ¡Recuerda practicar y explorar para descubrir qué funciona mejor para ti!

Explora movimientos creativos: No te limites a dibujar en una sola dirección. Experimenta moviendo tu lápiz de abajo hacia arriba, en círculos o en ondas. Estos movimientos pueden agregar dinamismo y fluidez a tus trazos, permitiéndote crear efectos únicos en tu arte.

ZONA PARA COLOREAR

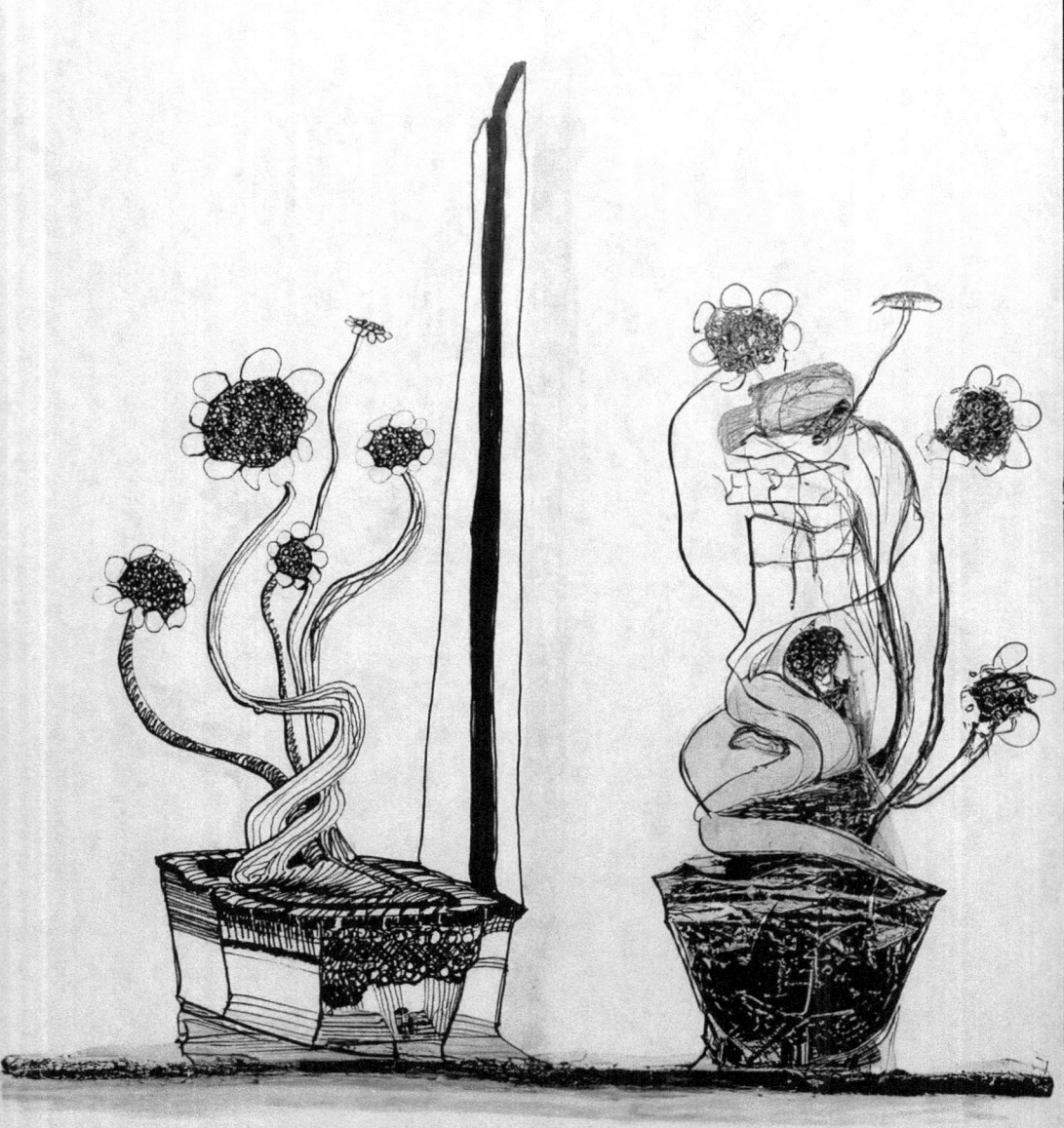

ZONA DE GARABATOS

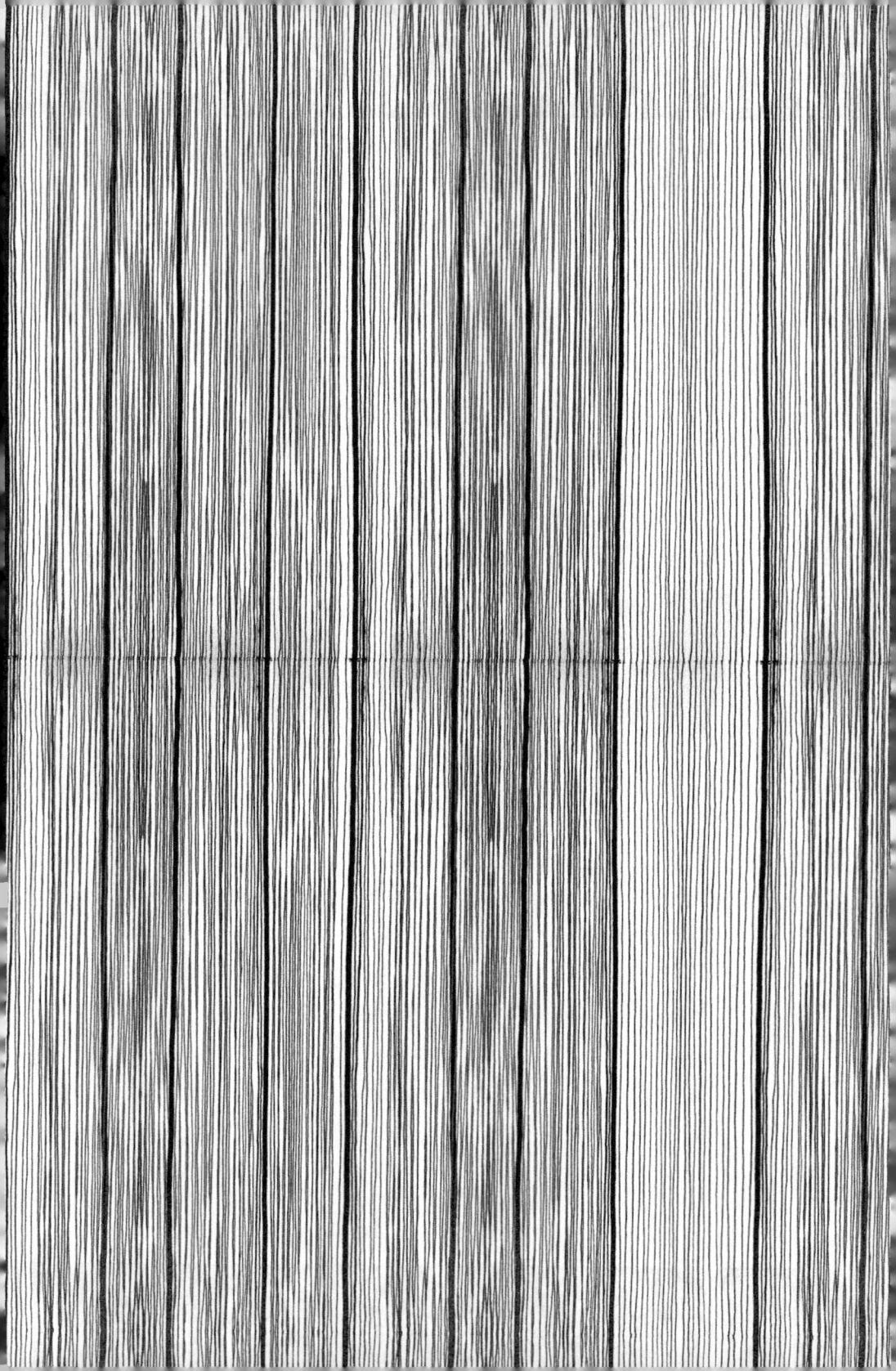

CITAS CITABLES
QUE AMAN LOS ARTISTAS
SALVADOR DALÍ

"No tengas miedo a la perfección; nunca la alcanzarás."

"El surrealismo es destructivo, pero destruye solo lo que considera ser cadenas que limitan nuestra visión."

"No soy extraño. Simplemente no soy normal."

"Los errores son casi siempre de naturaleza sagrada. Nunca intentes corregirlos. Al contrario: racionalízalos, comprende completamente. Después de eso, será posible sublimarlos."

"La diferencia entre los recuerdos falsos y los verdaderos es la misma que para las joyas: siempre son los falsos los que parecen más reales, los más brillantes."

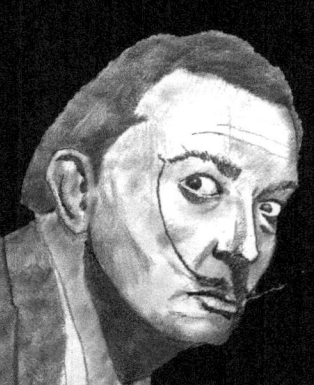

ZONA PARA COLOREAR

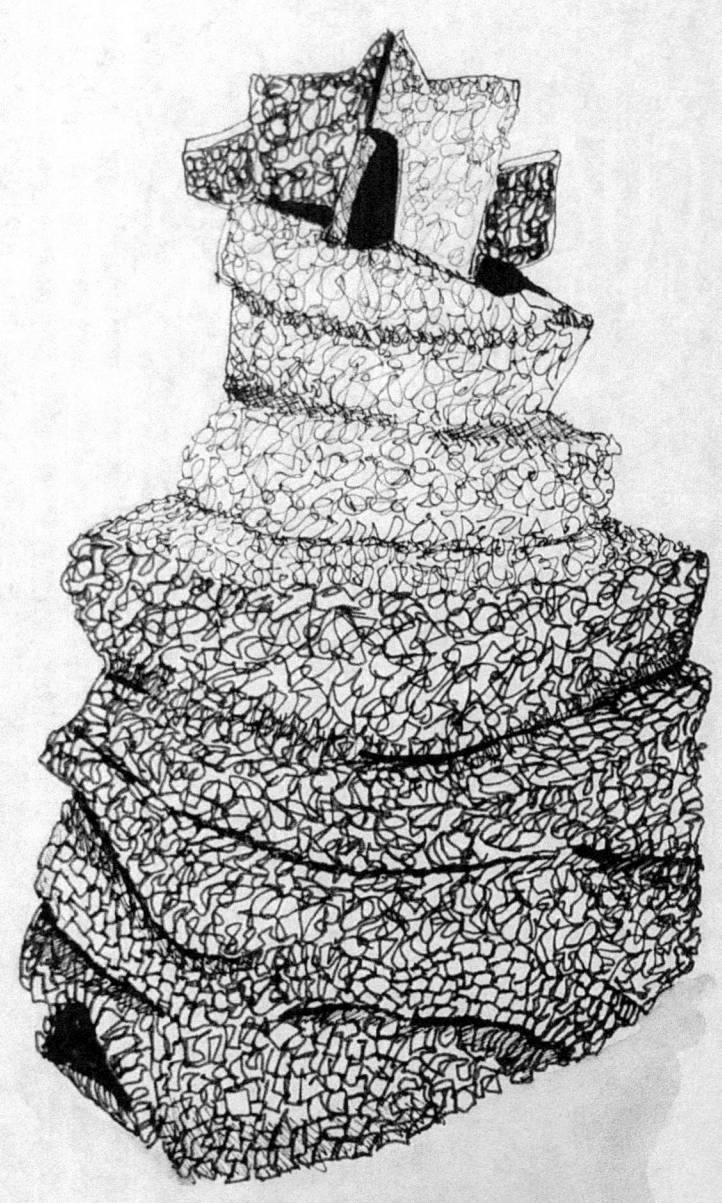

ZONA DE GARABATOS

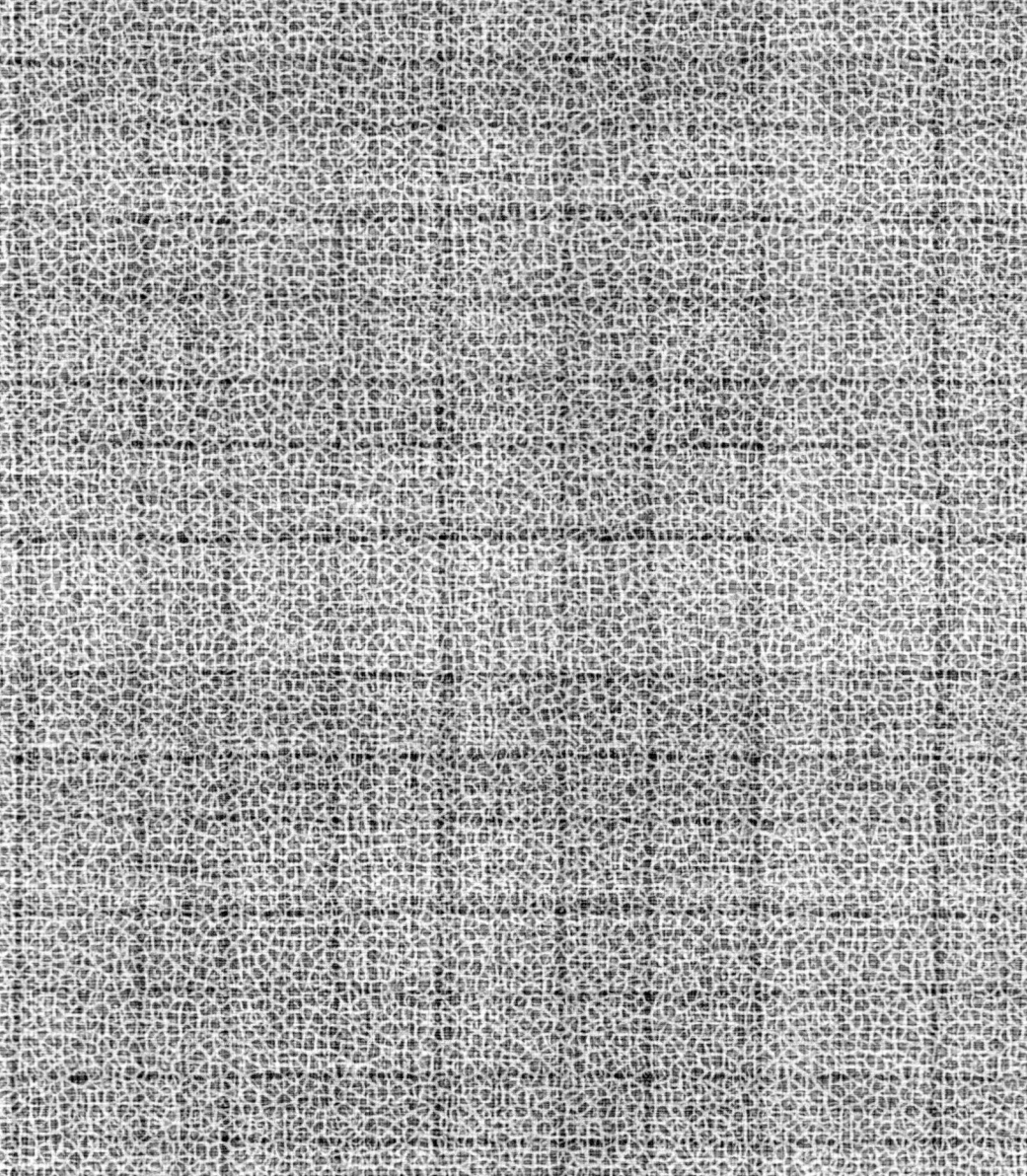

CITAS CITABLES
QUE AMAN LOS ARTISTAS
MARC CHAGALL

"Si creo desde el corazón, casi todo funciona; si lo hago desde la cabeza, casi nada."

"El arte me parece ante todo un estado del alma."

"Cuanto más libre es el alma, más abstracta se vuelve la pintura."

"Todo nuestro mundo interior es realidad, y eso, quizás, más que nuestro mundo aparente."

"Todo en el arte debe surgir del movimiento de todo nuestro flujo de vida, de todo nuestro ser, incluido el inconsciente."

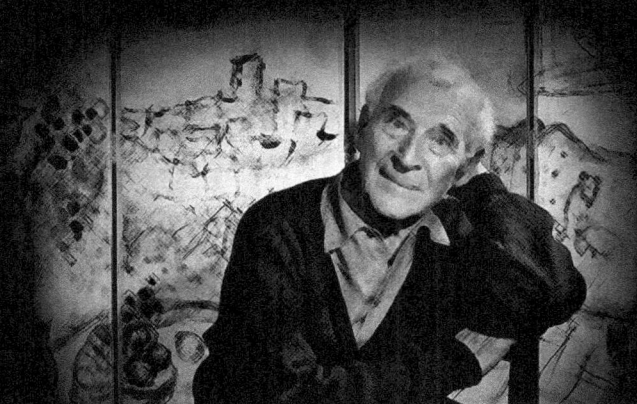

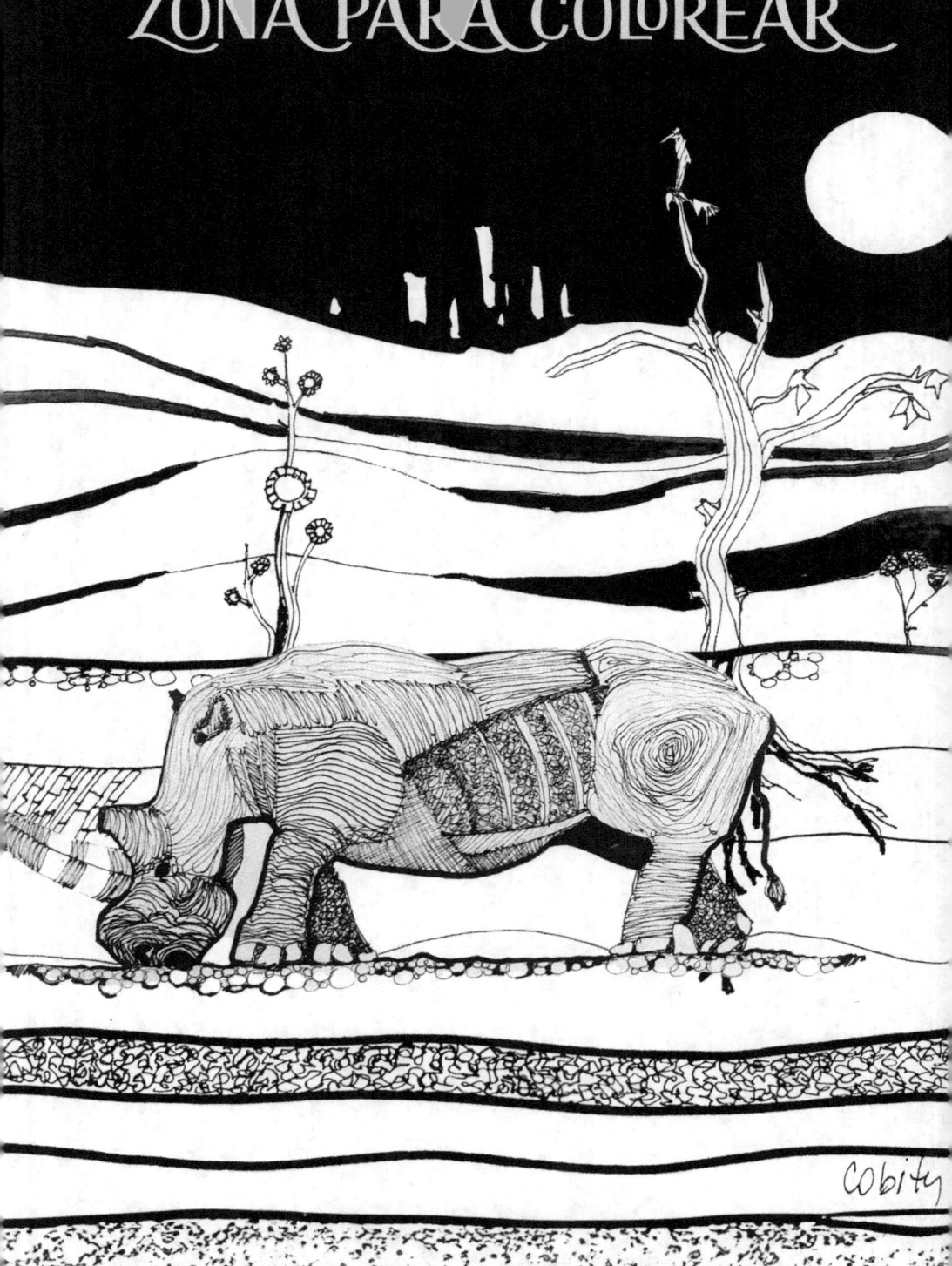

ZONA DE GARABATOS

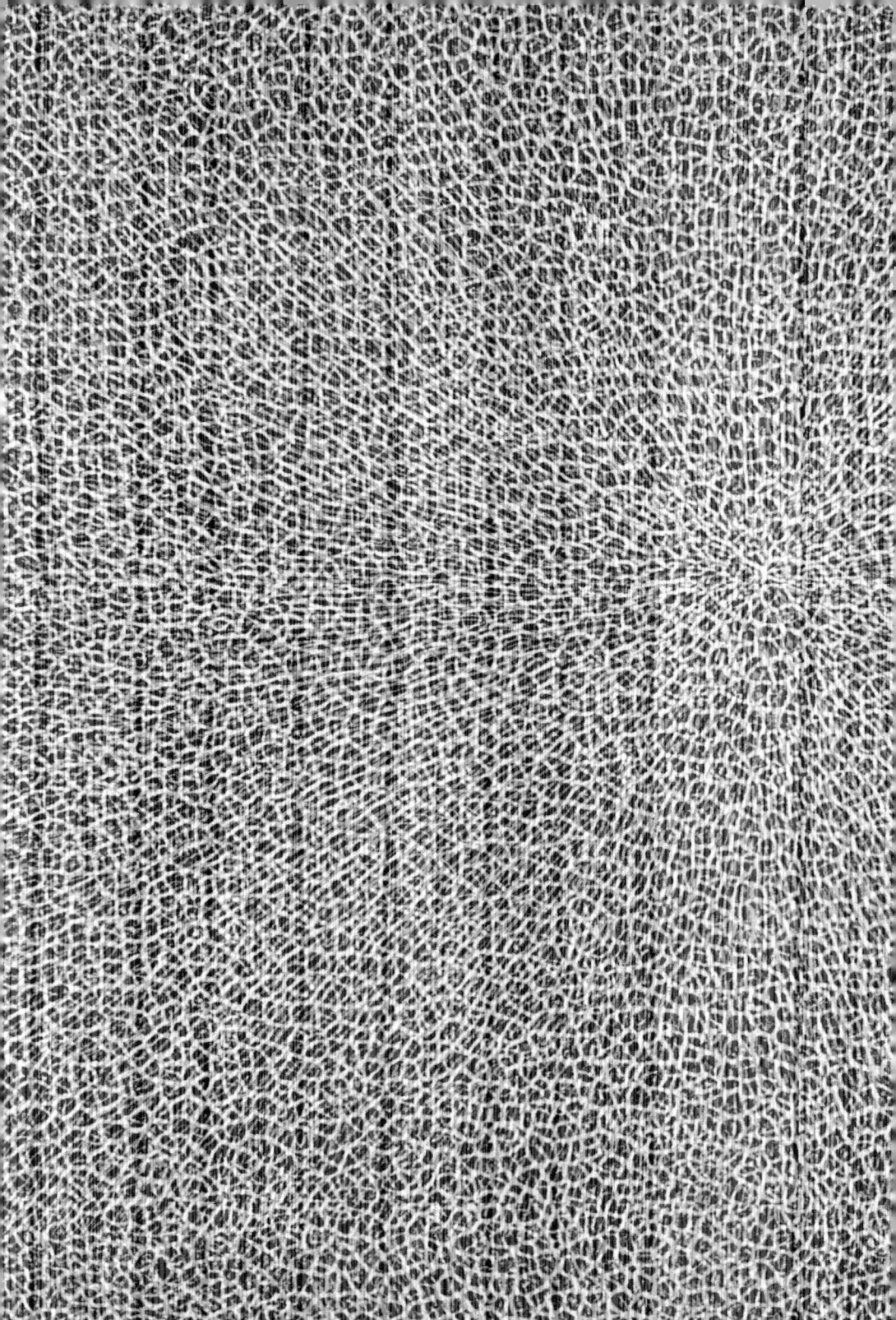

ZONA MEDITATIVA

MINDFULNESS Y ARTE

Utiliza la respiración consciente para mantenerte presente en el momento. Toma respiraciones profundas y lentas mientras observas el arte, permitiendo que tu cuerpo y mente se relajen.

Al observar una obra de arte, concéntrate completamente en ella. Aparta cualquier distracción e sumérgete en la experiencia visual y emocional que ofrece la obra de arte.

Tómate tu tiempo para explorar cada detalle de la obra de arte. Observa los colores, formas, texturas y patrones con atención plena, sin juzgar ni analizar.

Si surgen pensamientos o emociones mientras observas el arte, acéptalos sin juzgar. Déjalos pasar como nubes en el cielo, luego vuelve tu atención a la obra de arte.

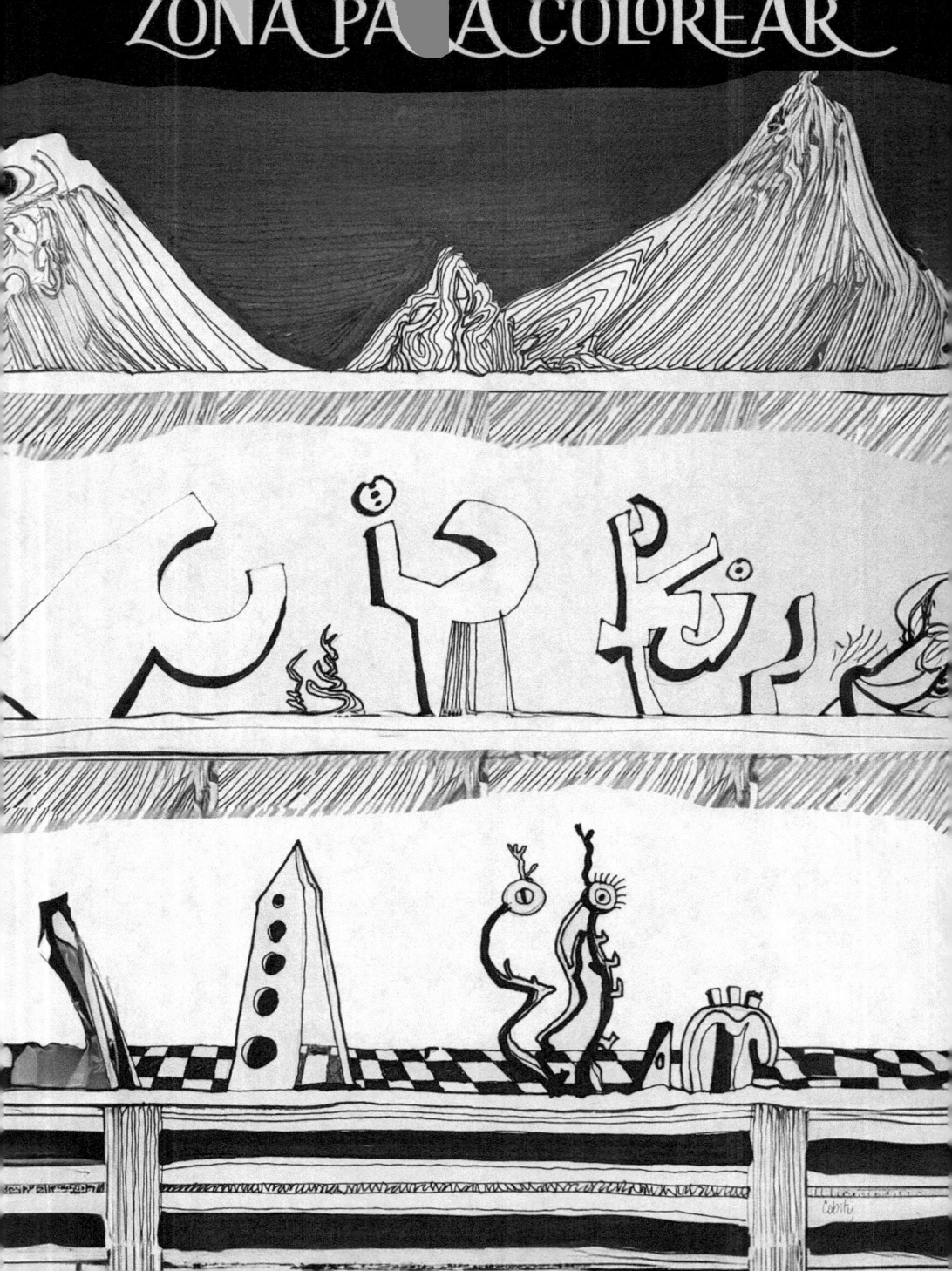

ZONA DE GARABATOS

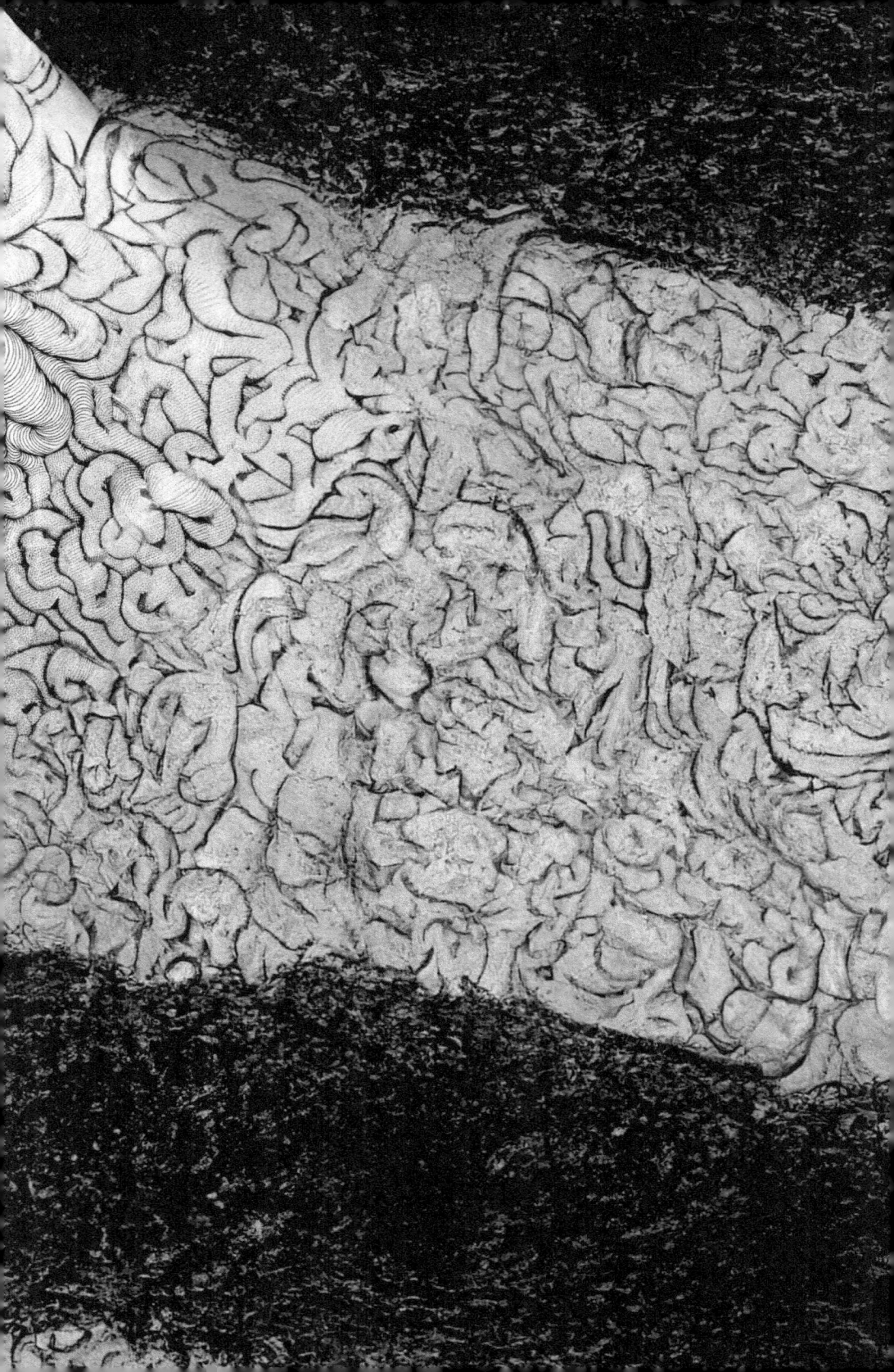

CITAS CITABLES
ECKHART TOLLE

"El pasado no tiene poder sobre el momento presente."

"Algunos cambios parecen negativos en la superficie, pero pronto te darás cuenta de que se está creando espacio en tu vida para que algo nuevo emerja."

"La causa principal de la infelicidad nunca es la situación, sino tus pensamientos al respecto."

"A veces dejar ir las cosas es un acto de mucho mayor poder que defenderlas o aferrarse a ellas."

"La preocupación pretende ser necesaria pero no sirve para ningún propósito útil."

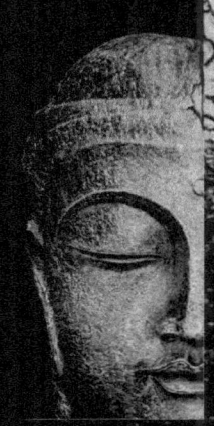

ZONA PARA COLOREAR

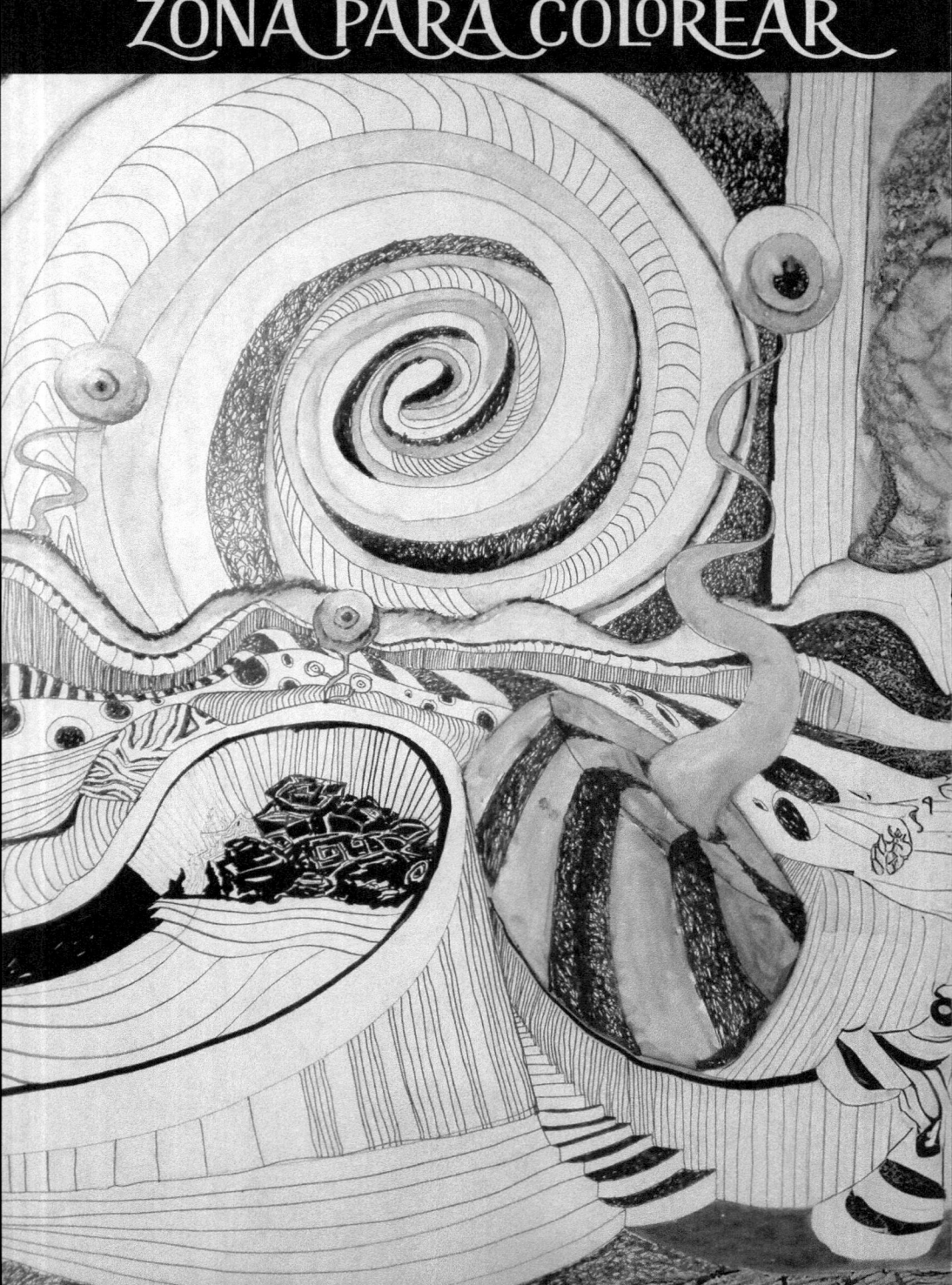

ZONA DE GARABATOS

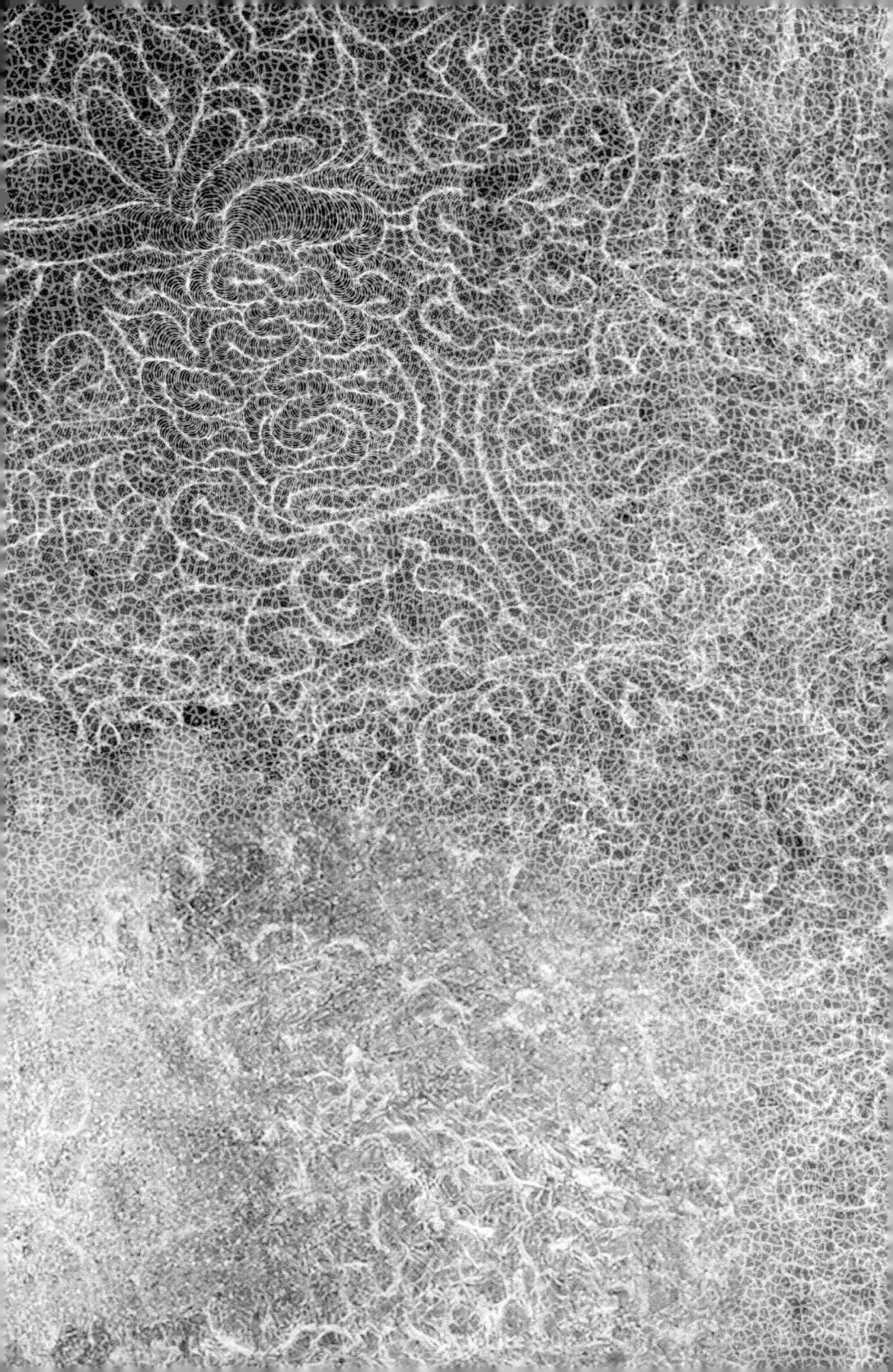

ZONA DE CONSEJOS
UTILIZA LAPIZ Y ROTULADO DE DIBUJO

Utilizar rotuladores de 0.1, 0.3 y 0.5 mm es una excelente manera de crear trazos de tinta precisos y detallados. Estos marcadores te permiten controlar el grosor de la línea y crear diseños intrincados con facilidad. Experimenta con diferentes tamaños de rotuladores para lograr el efecto deseado en tu obra de arte.

Recuerda trabajar pacientemente y con firmeza para mantener la consistencia en tus líneas. El trazado con tinta puede agregar profundidad y dimensión a tus dibujos, ¡así que diviértete explorando esta técnica!

Con un lápiz 4B o 6, puedes lograr trazos más oscuros y expresivos en tus dibujos. Estos lápices son ideales para sombrear y crear contrastes. Recuerda aplicar una presión suave para trazos delicados y una presión firme para áreas más oscuras. Experimenta con diferentes técnicas de dibujo para descubrir cómo sacar el máximo provecho de estos lápices. ¡Deja volar tu creatividad!

ZONA PARA COLOREAR

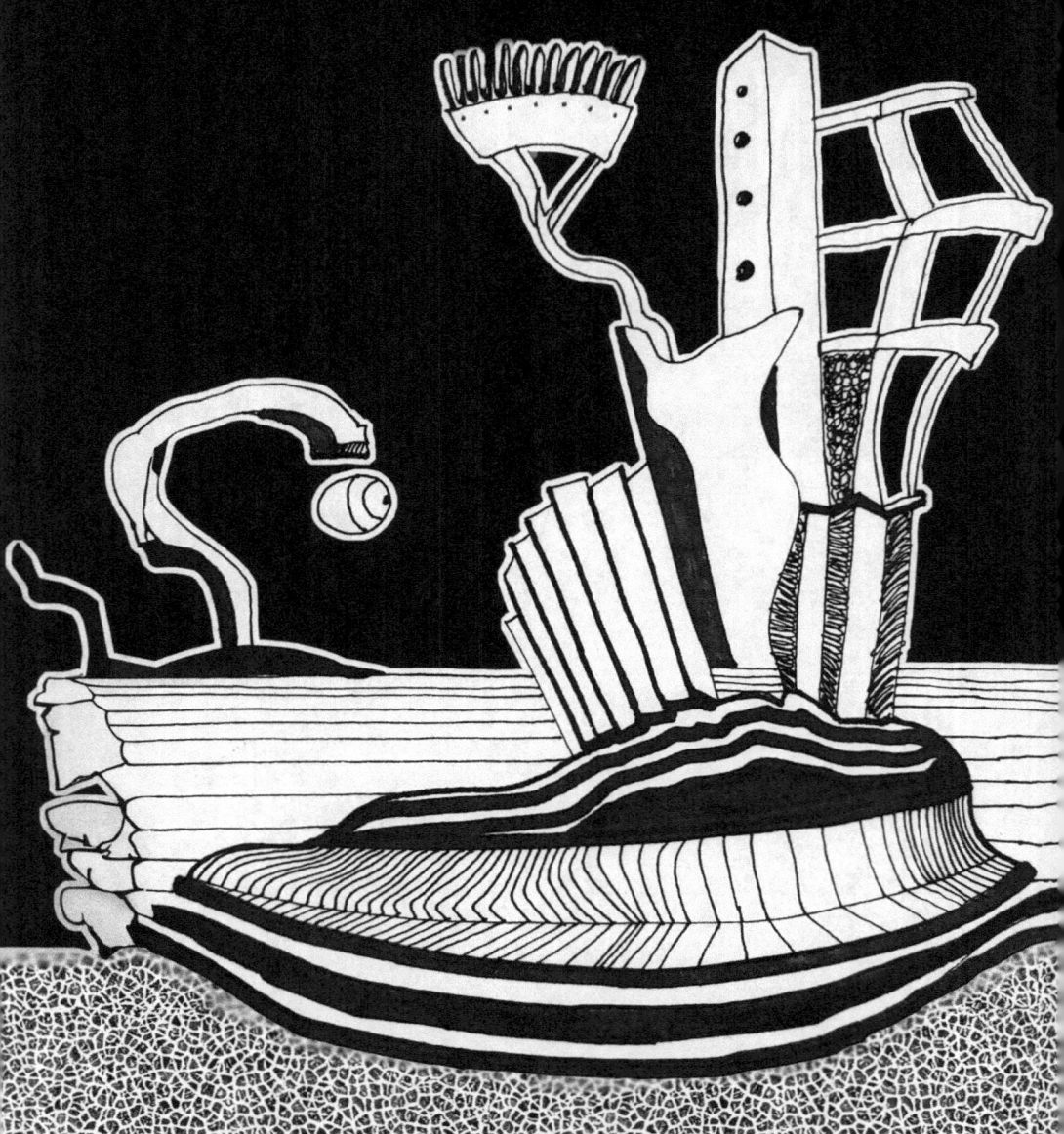

ZONA DE GARABATOS

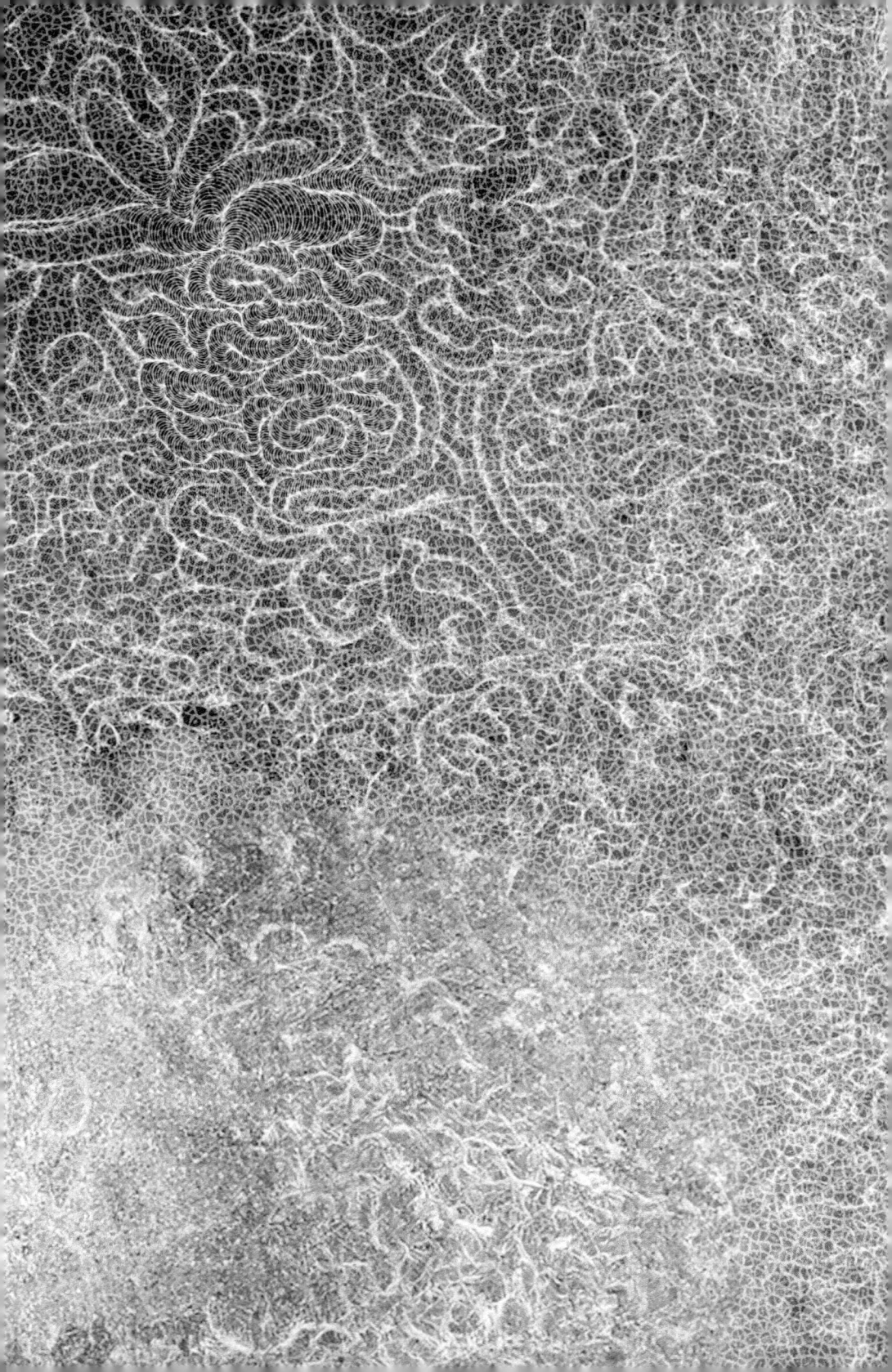

CITAS CITABLES
QUE AMAN LOS ARTISTAS
GEORGIA O'KEEFFE

"Mi pintura es lo que tengo que devolver al mundo por lo que el mundo me da."

"...de alguna manera, nadie ve realmente una flor, es tan pequeña que no tenemos tiempo, y ver requiere tiempo, al igual que tener un amigo requiere tiempo."

"Tuve que crear un equivalente para lo que sentía acerca de lo que estaba viendo, no simplemente copiarlo."

"He estado absolutamente aterrorizado en cada momento de mi vida y nunca he permitido que eso me impida hacer algo que quisiera hacer."

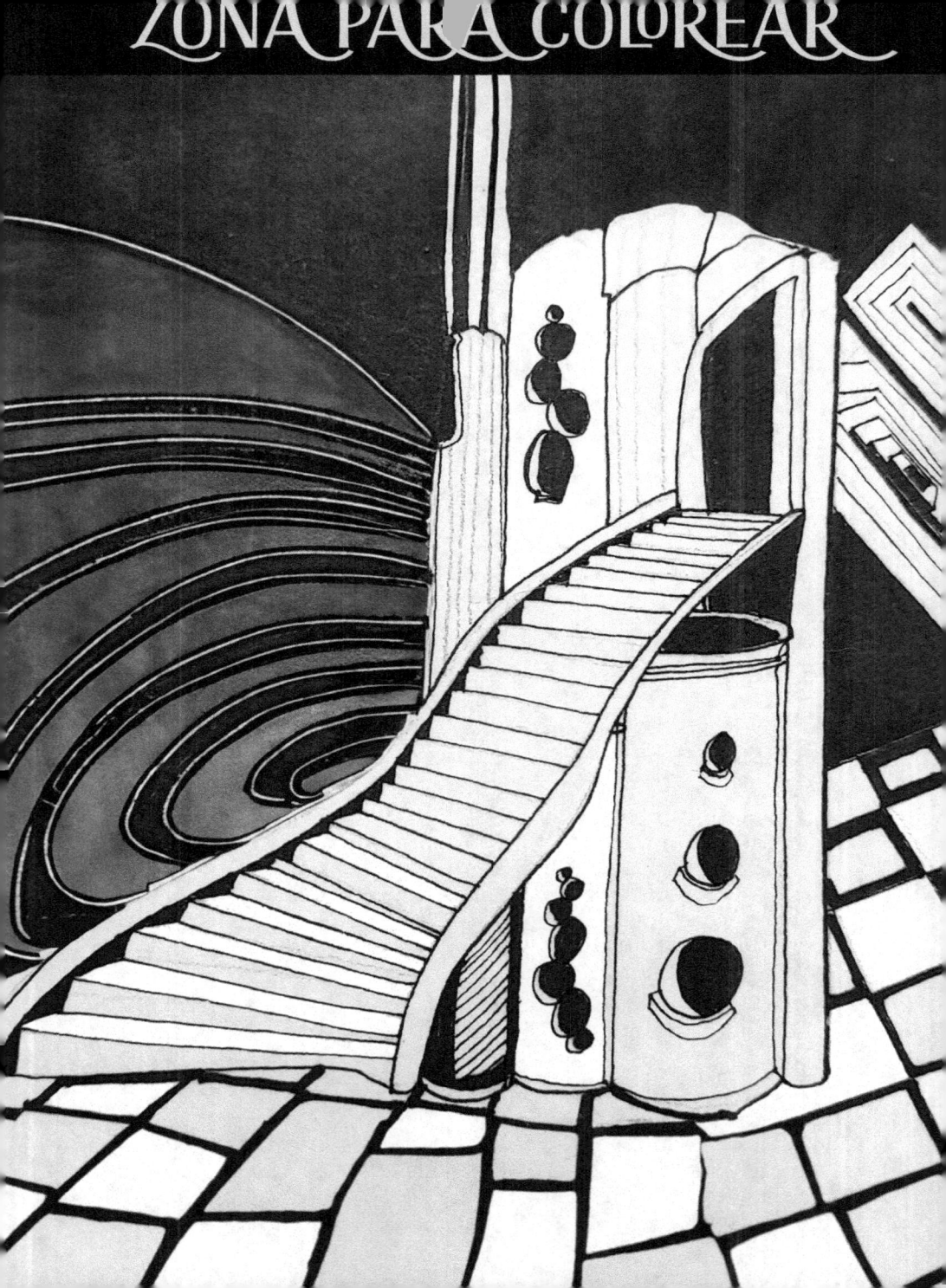

ZONA DE GARABATOS

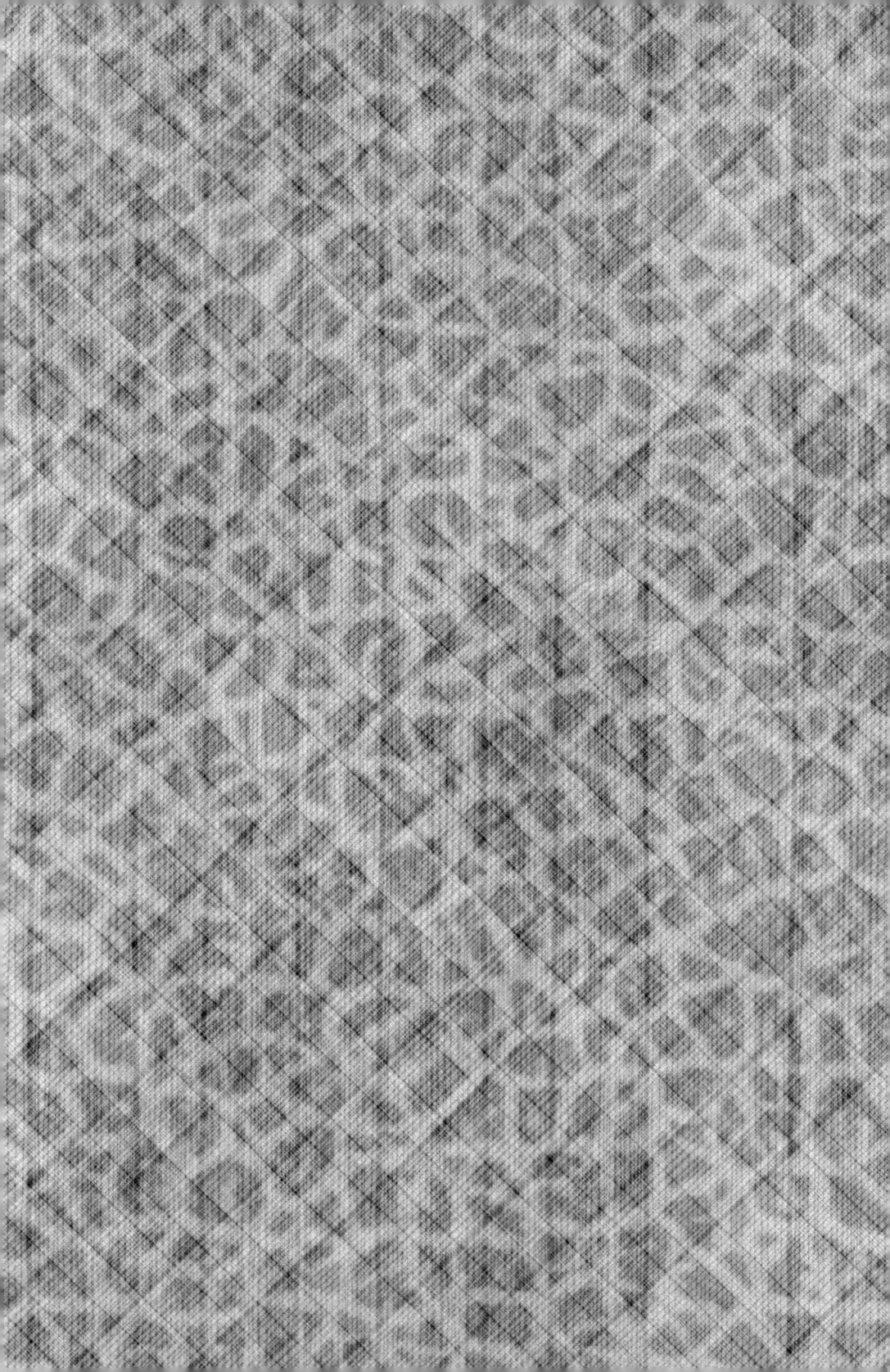

CITAS CITABLES
QUE AMAN LOS ARTISTAS
JOAN MITCHELL

"Hacer arte es una actividad meditativa."

"Los girasoles son algo que siento muy intensamente. Se ven maravillosos cuando son jóvenes y son muy conmovedores cuando están muriendo. No me gustan los campos de girasoles. Me gustan solos o, por supuesto, pintados por Van Gogh."

"Lo abstracto no es un estilo. Simplemente quiero hacer que una superficie funcione."

"A veces no sé exactamente lo que quiero con una pintura. Lo examino, lo vuelvo a revisar durante días o semanas. A veces hay más por hacer en él. A veces tengo miedo de arruinar lo que tengo. A veces soy perezoso, no lo termino o no lo llevo lo suficientemente lejos. A veces pienso que es una pintura."

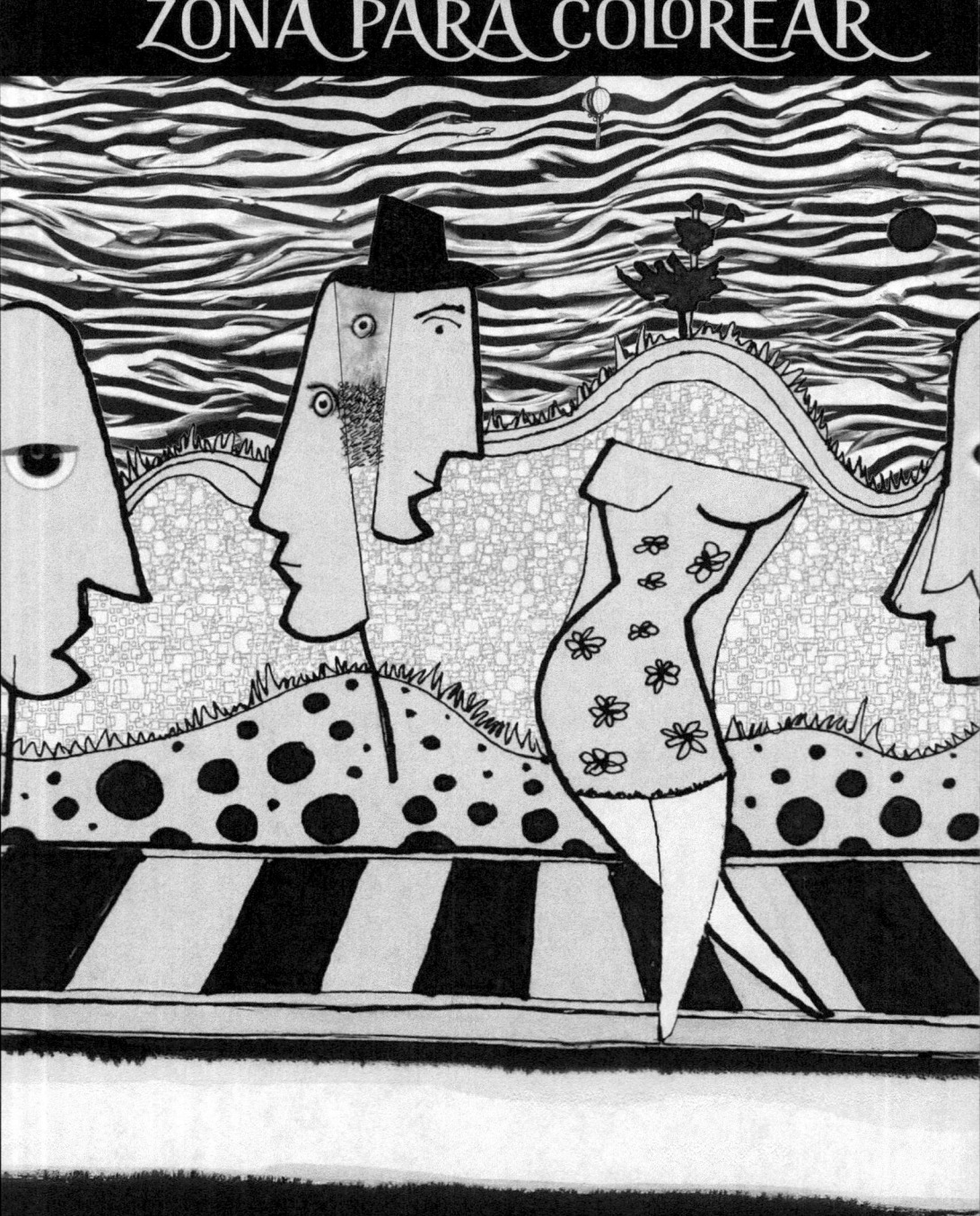

ZONA DE GARABATOS

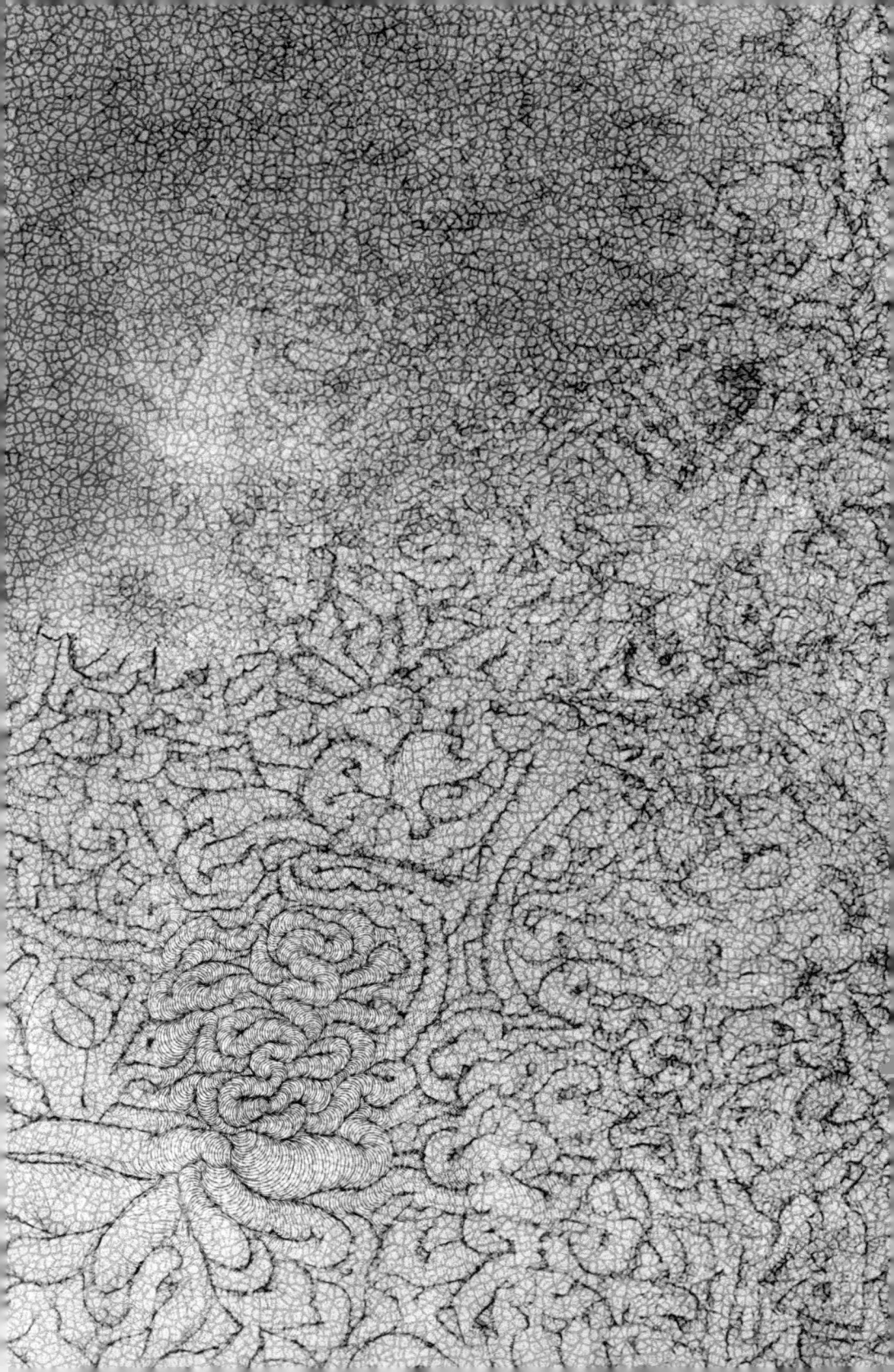

ZONA DE MEDITACION
GARABATOS Y MEDITACION

"Dibujar con una mente tranquila es como meditar con un lápiz en la mano."

"Mientras dibujamos, nos sumergimos en un estado de atención plena, donde cada línea es un pensamiento silencioso."

"Cada trazo es un viaje interior, una exploración profunda que nos acerca a nuestra verdadera esencia, a través de la práctica de la meditación."

"El acto de dibujar puede convertirse en una meditación en movimiento, donde cada trazo es una respiración consciente."

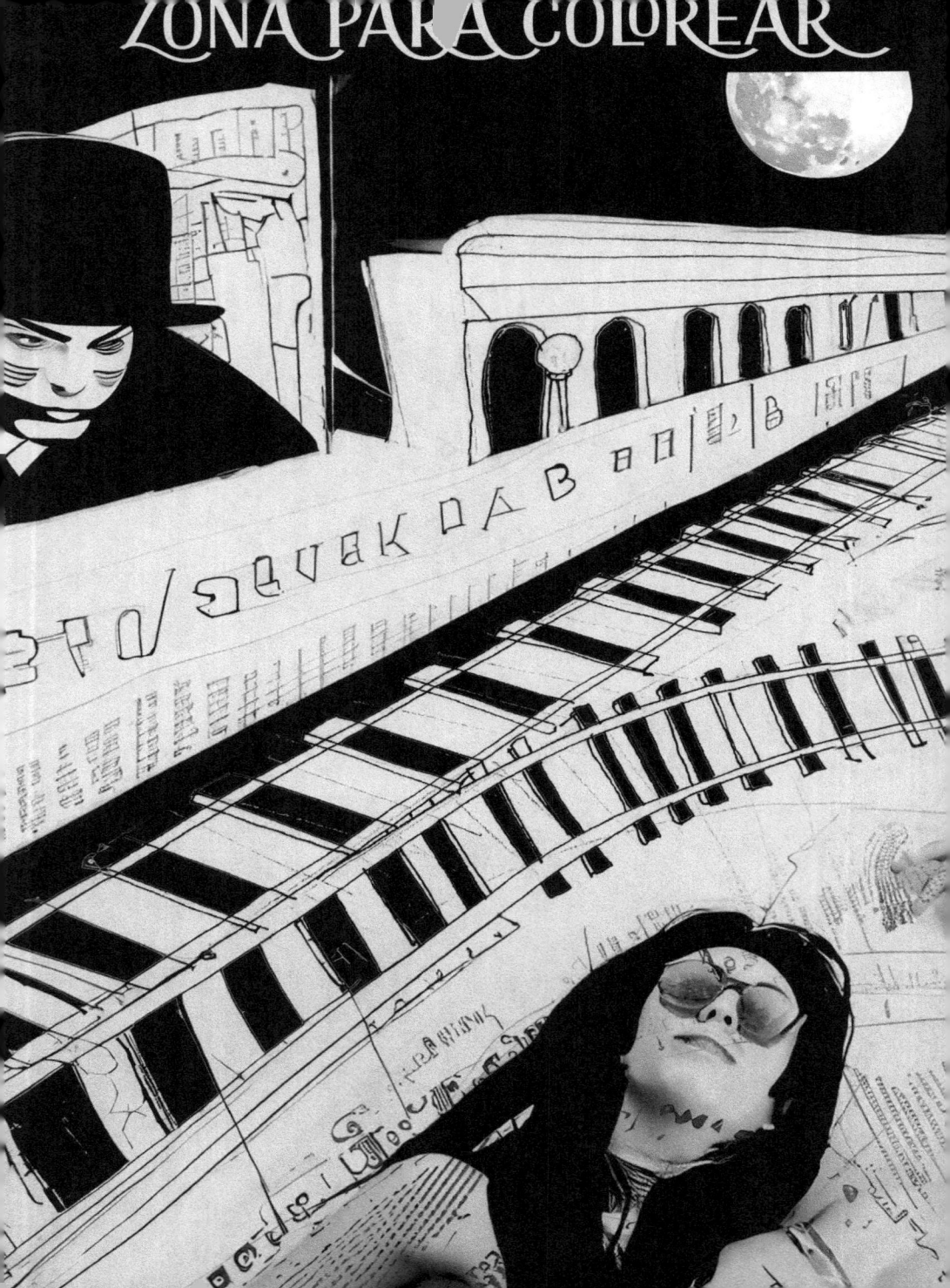

ZONA DE GARABATOS

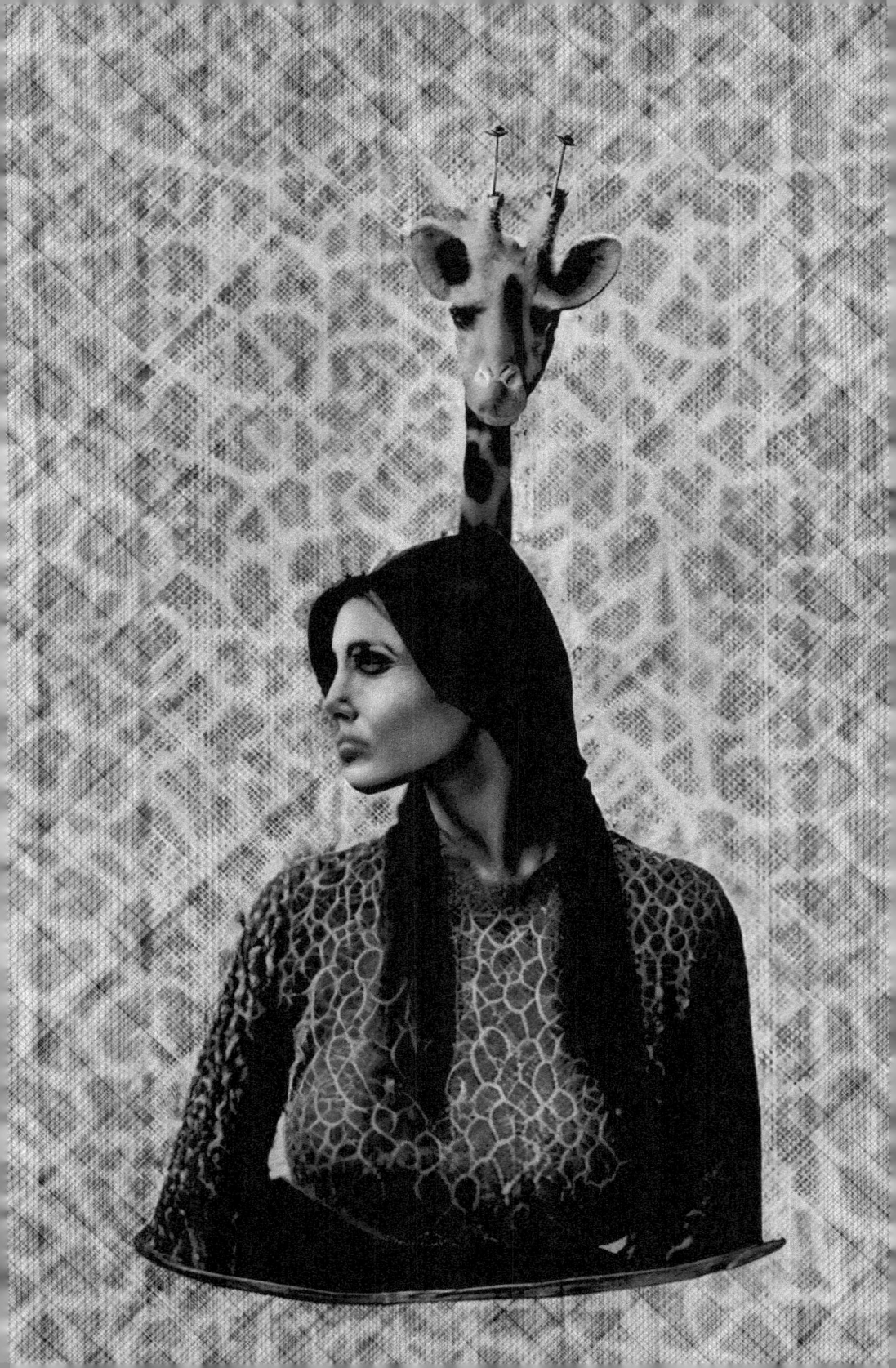

"Mezcla las figuras sin pensar demasiado. No importa si algo resulta bien o mal, no lo juzgues. Simplemente deja que tu mano fluya."

ZONA PARA COLOREAR

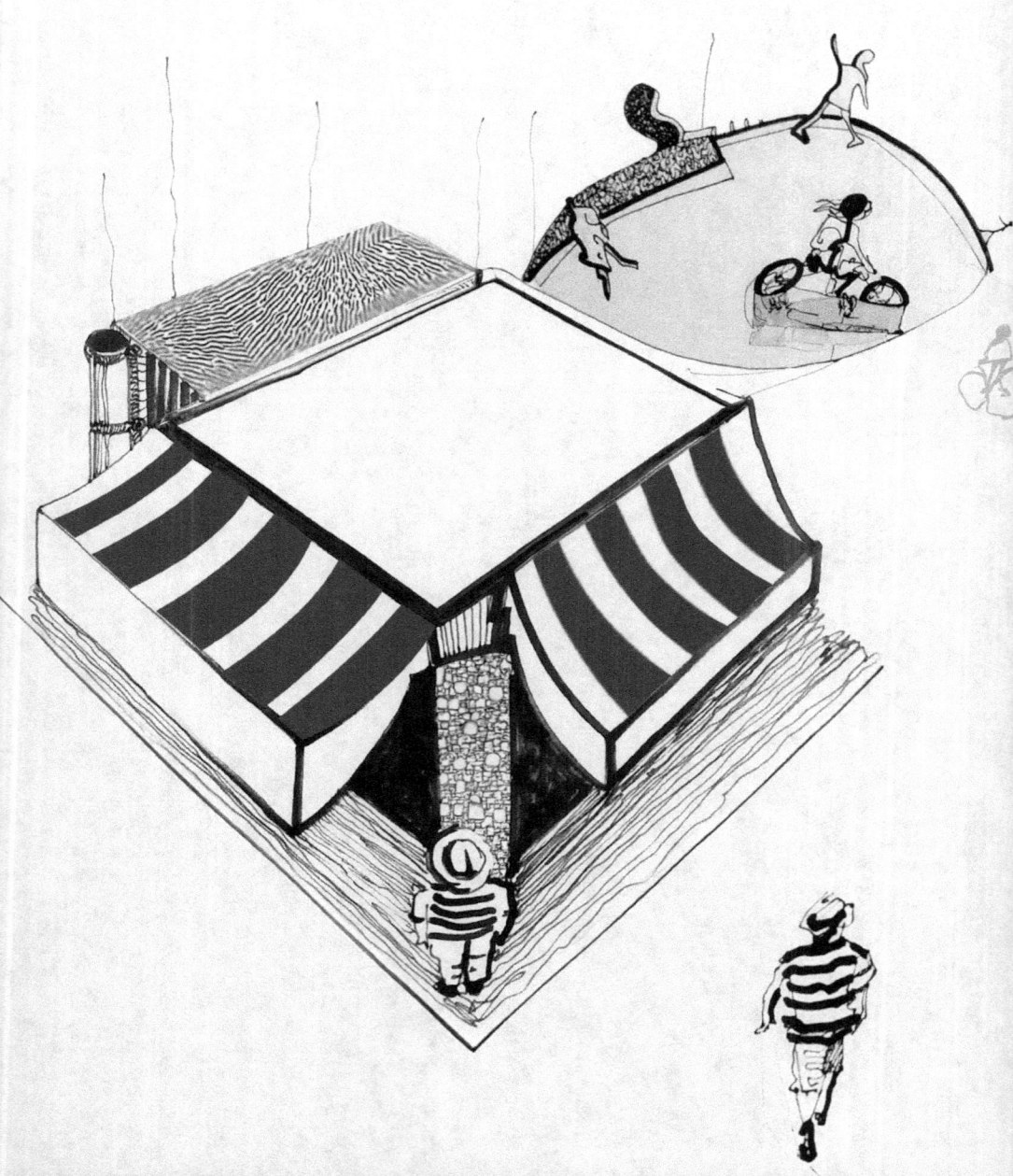

ZONA DE GARABATOS

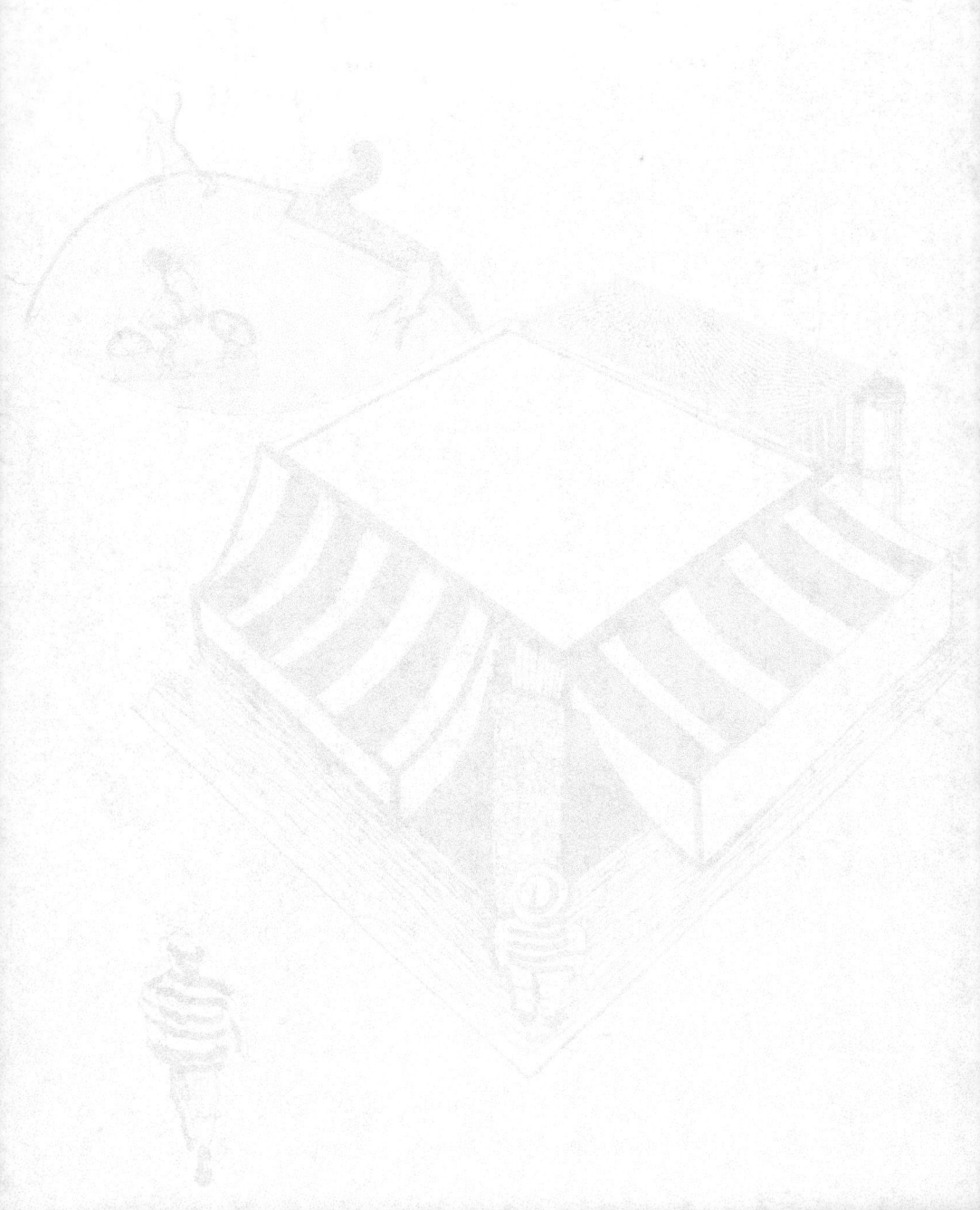

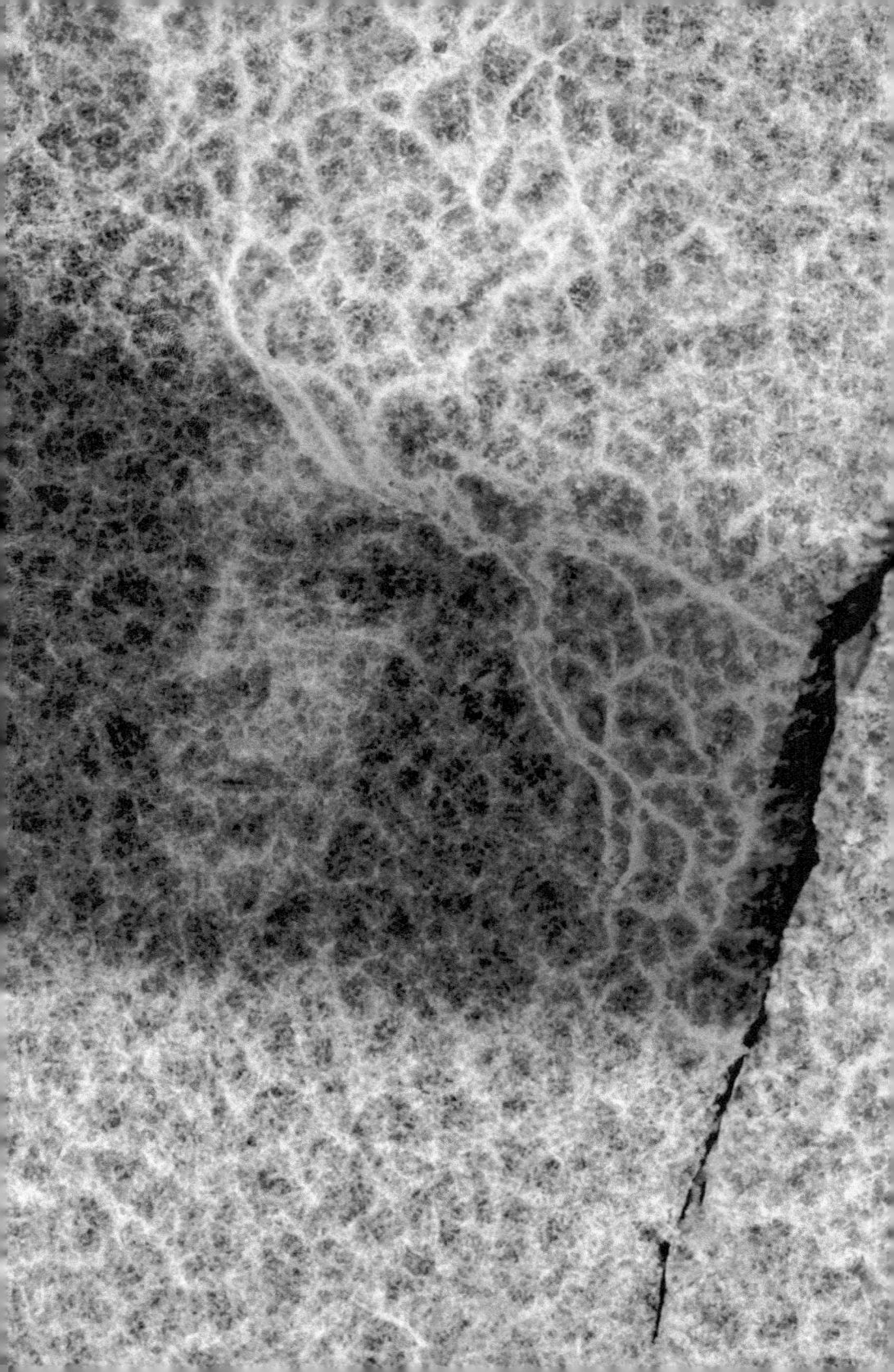

"Busca figuras dentro de los dibujos o pinturas, como cuando éramos niños y encontrábamos formas en las nubes."

ZONA PARA COLOREAR

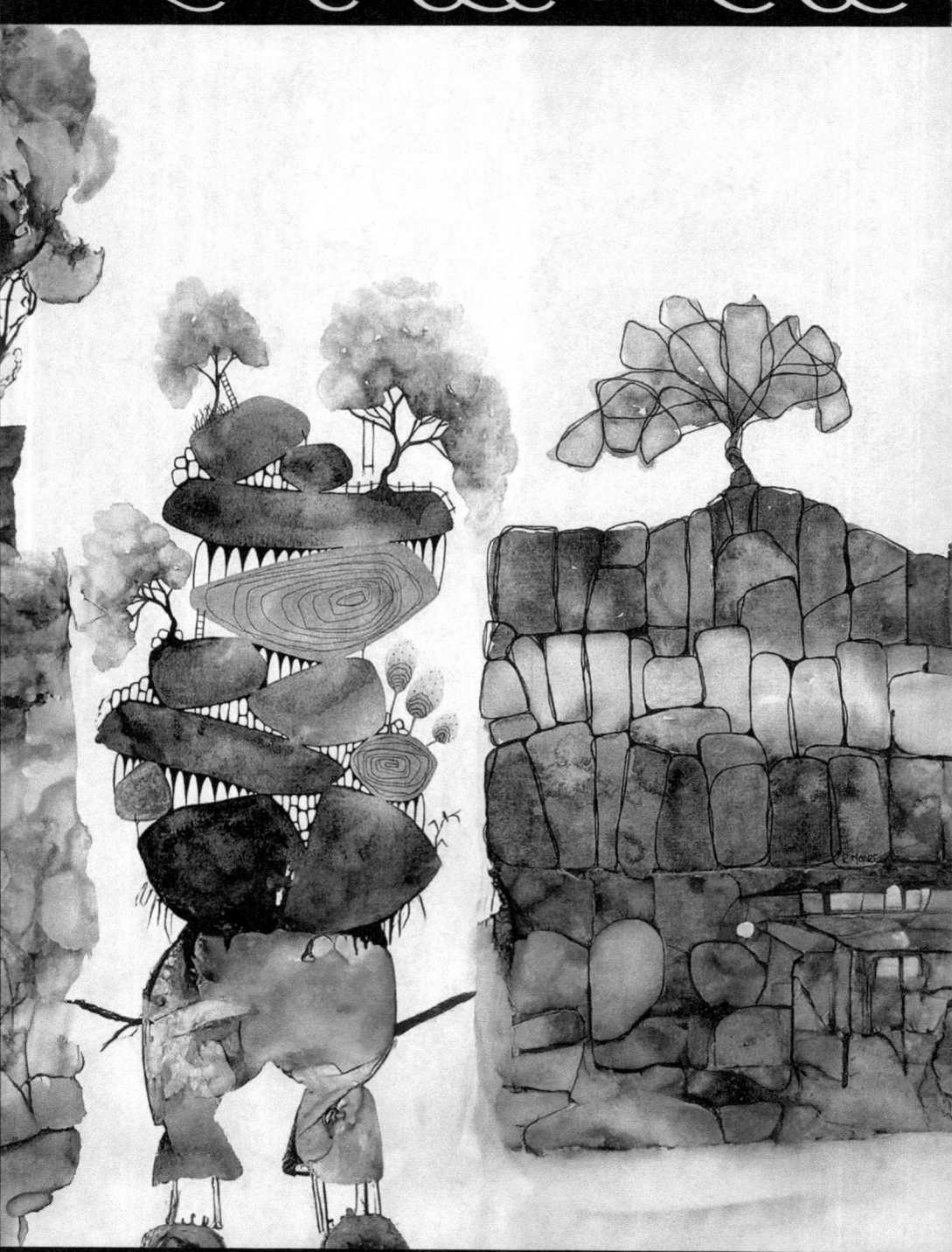

ZONA DE GARABATOS

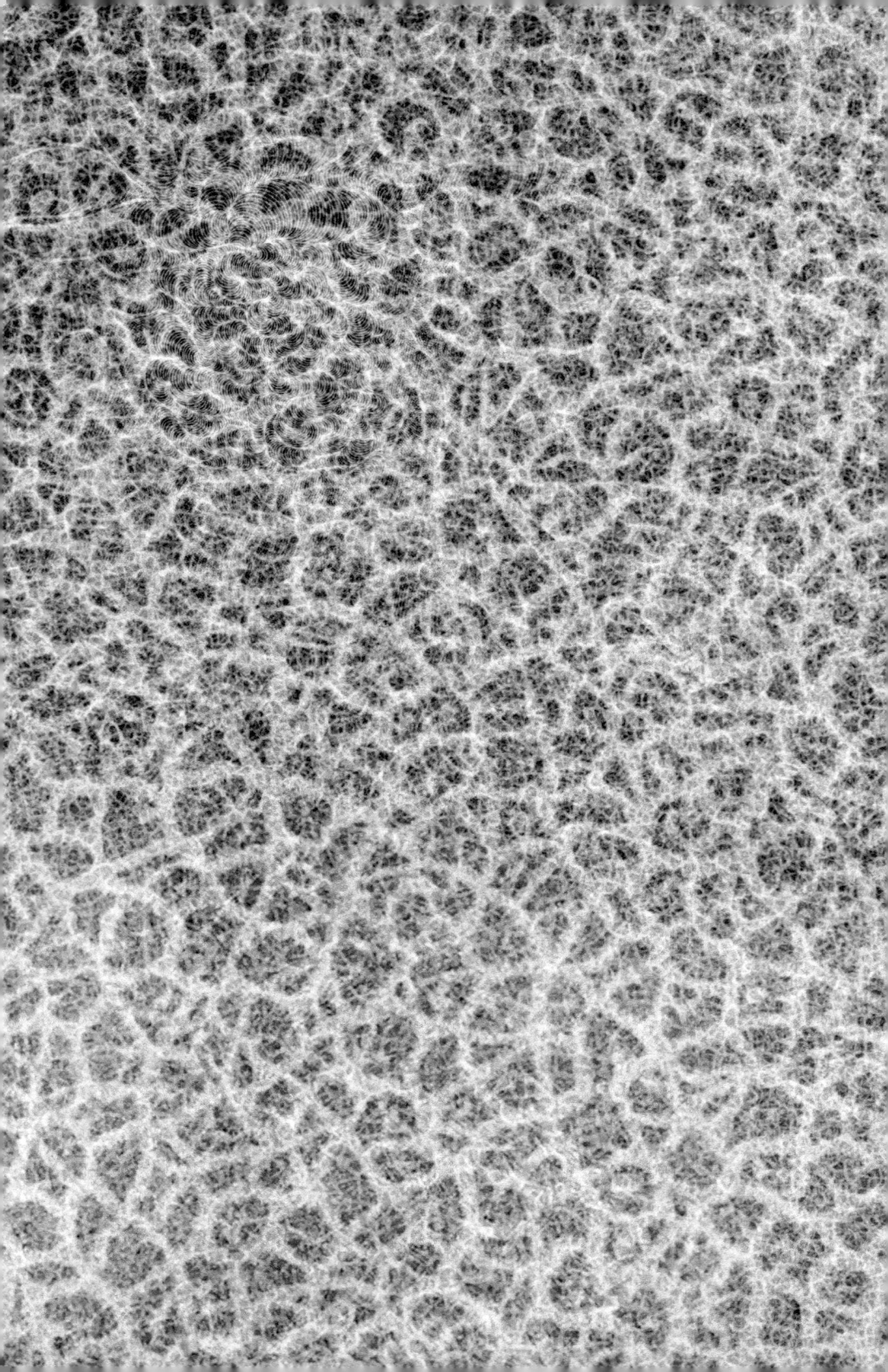

Un buen consejo para crear garabatos es mantener una mente abierta y estar dispuesto a experimentar.

No te limites a un estilo específico o reglas estrictas.
Permítete explorar diferentes formas, patrones y líneas de manera libre y espontánea.

Deja que tu imaginación
fluya sin restricciones y permite que tus dibujos reflejen tu estado de ánimo, pensamientos y emociones en el momento.

Recuerda que no hay respuestas correctas o incorrectas en el mundo de los garabatos.

¡Diviértete y deja
que tu creatividad vuele alto!

ZONA PARA COLOREAR

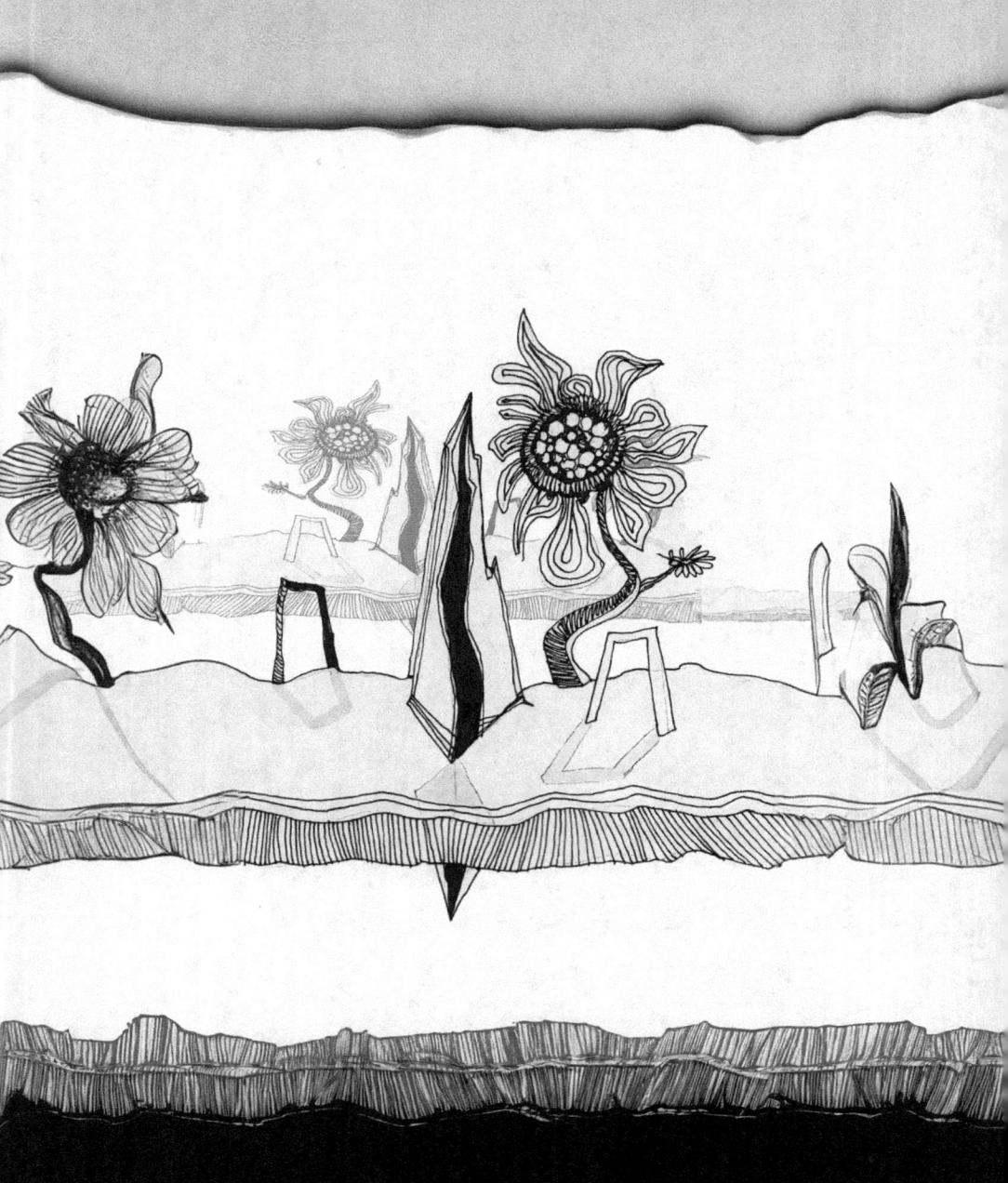

ZONA DE GARABATOS

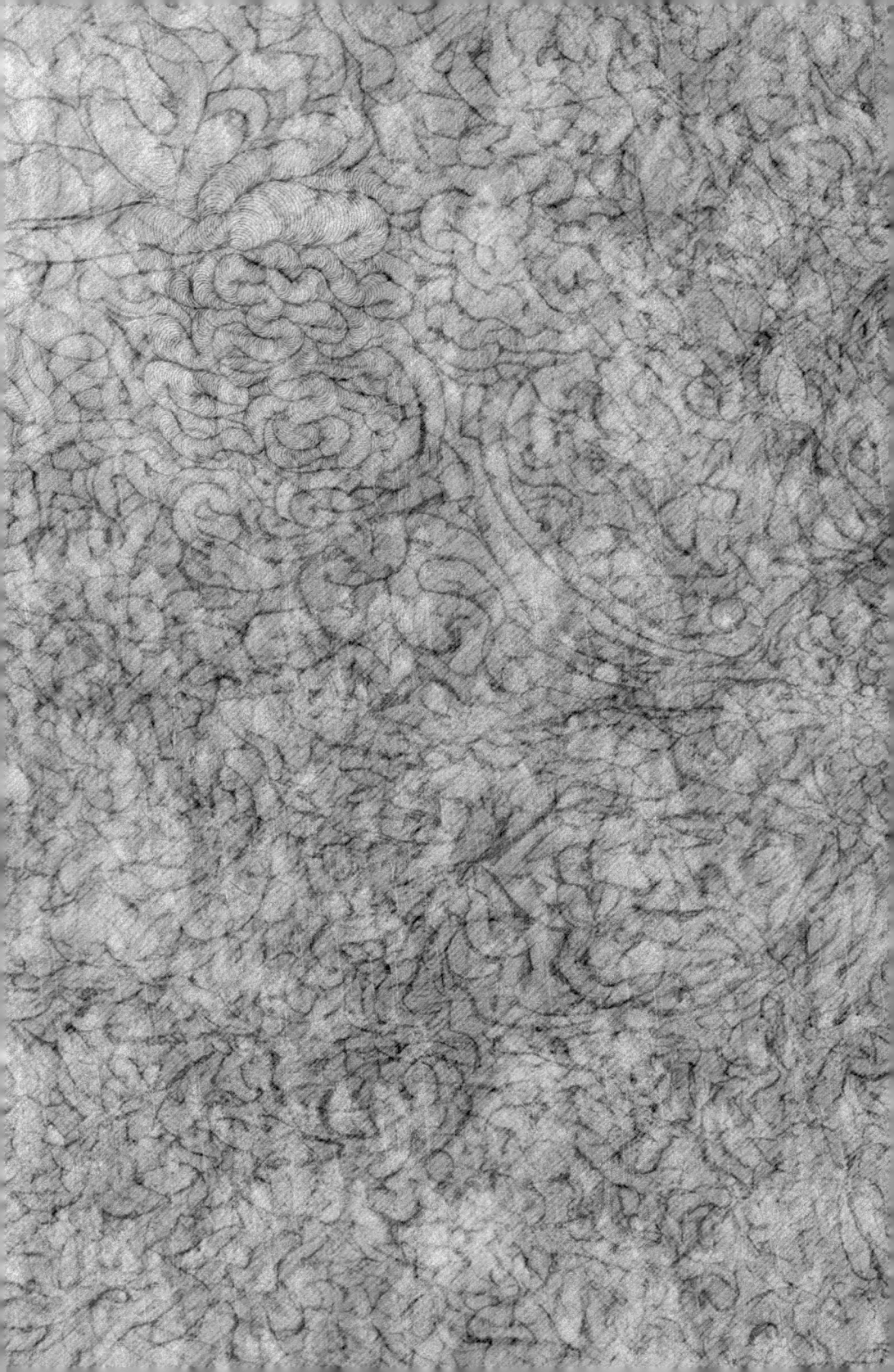

CITAS CITABLES
PIERDE EL MIEDO AL TRAZO.
OBSERVA LO QUE SOLÍAN DECIR LOS MAESTROS DEL ARTE.

"Una obra de arte nunca está terminada, solo abandonada."
Leonardo da Vinci

"Un dibujo es simplemente una línea dando un paseo." - Paul Klee

"Me tomó cuatro años pintar como Rafael, pero toda una vida aprender a dibujar como un niño." - Pablo Picasso

"A veces tienes que estropear un poco la pintura para poder terminarla." - Eugène Delacroix

ZONA PARA COLOREAR

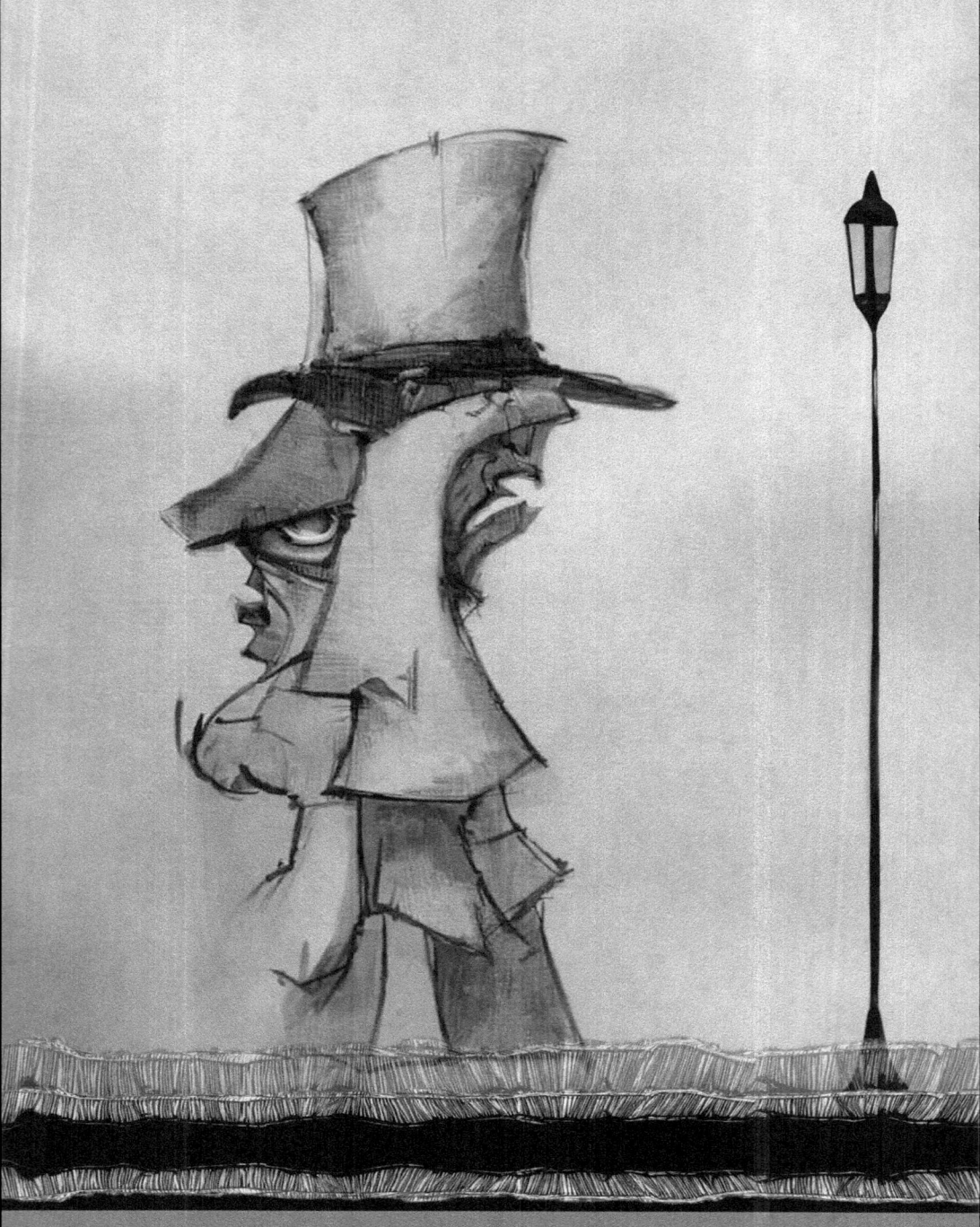

ZONA DE GARABATOS

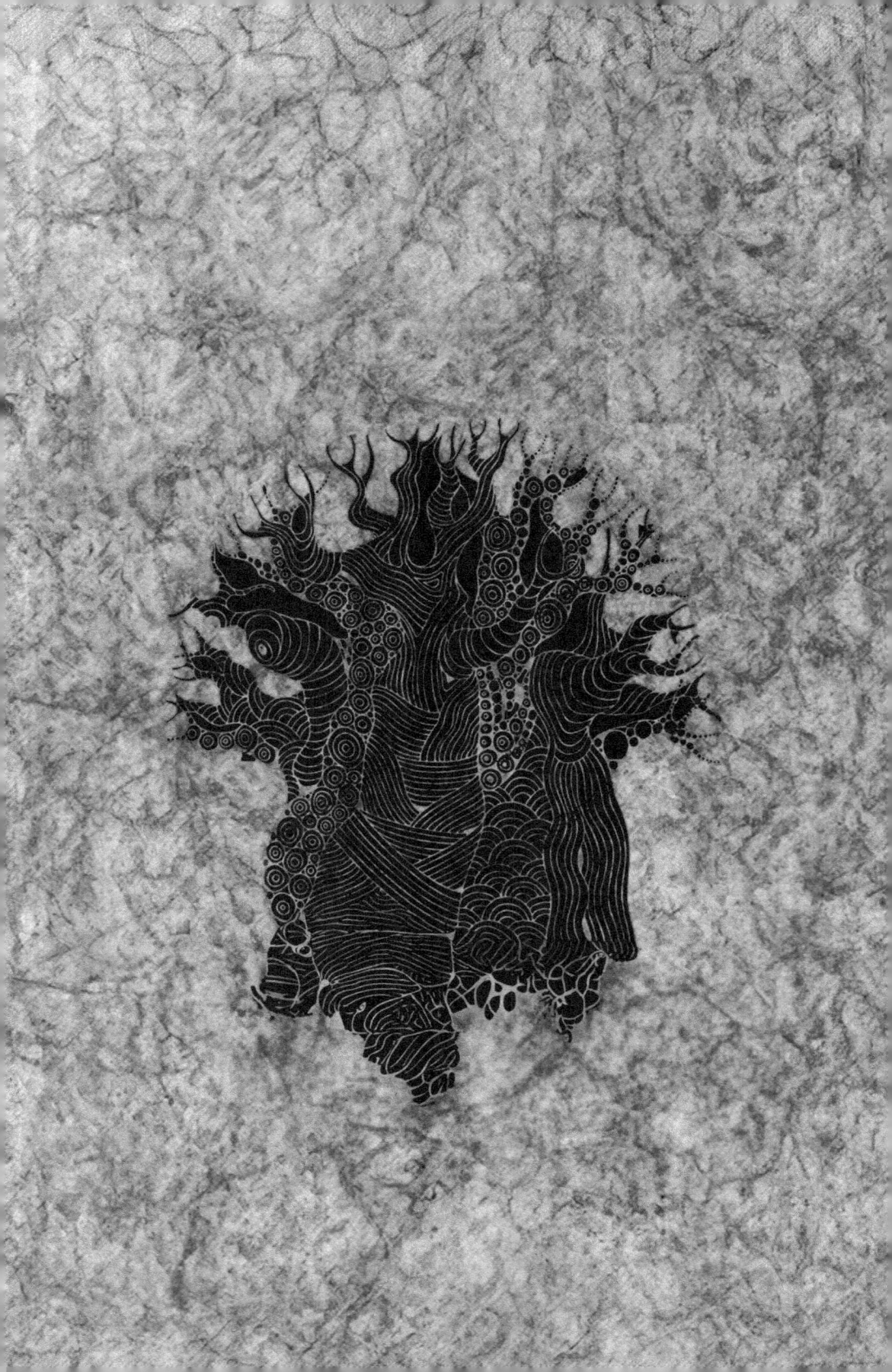

CITAS CITABLES
PIERDE EL MIEDO AL TRAZO.
OBSERVA LO QUE SOLÍAN DECIR LOS MAESTROS DEL ARTE.

"El arte es una línea alrededor de tus pensamientos."
Gustav Klimt

"El arte tiene la encantadora costumbre de arruinar todas las teorías artísticas." - Marcel Duchamp

"El dibujo es una especie de hipnotismo: uno mira al modelo de tal manera que viene y se sienta en el papel." - Pablo Picasso

"Cuando conozca tu alma, pintaré tus ojos." - Amedeo Modigliani

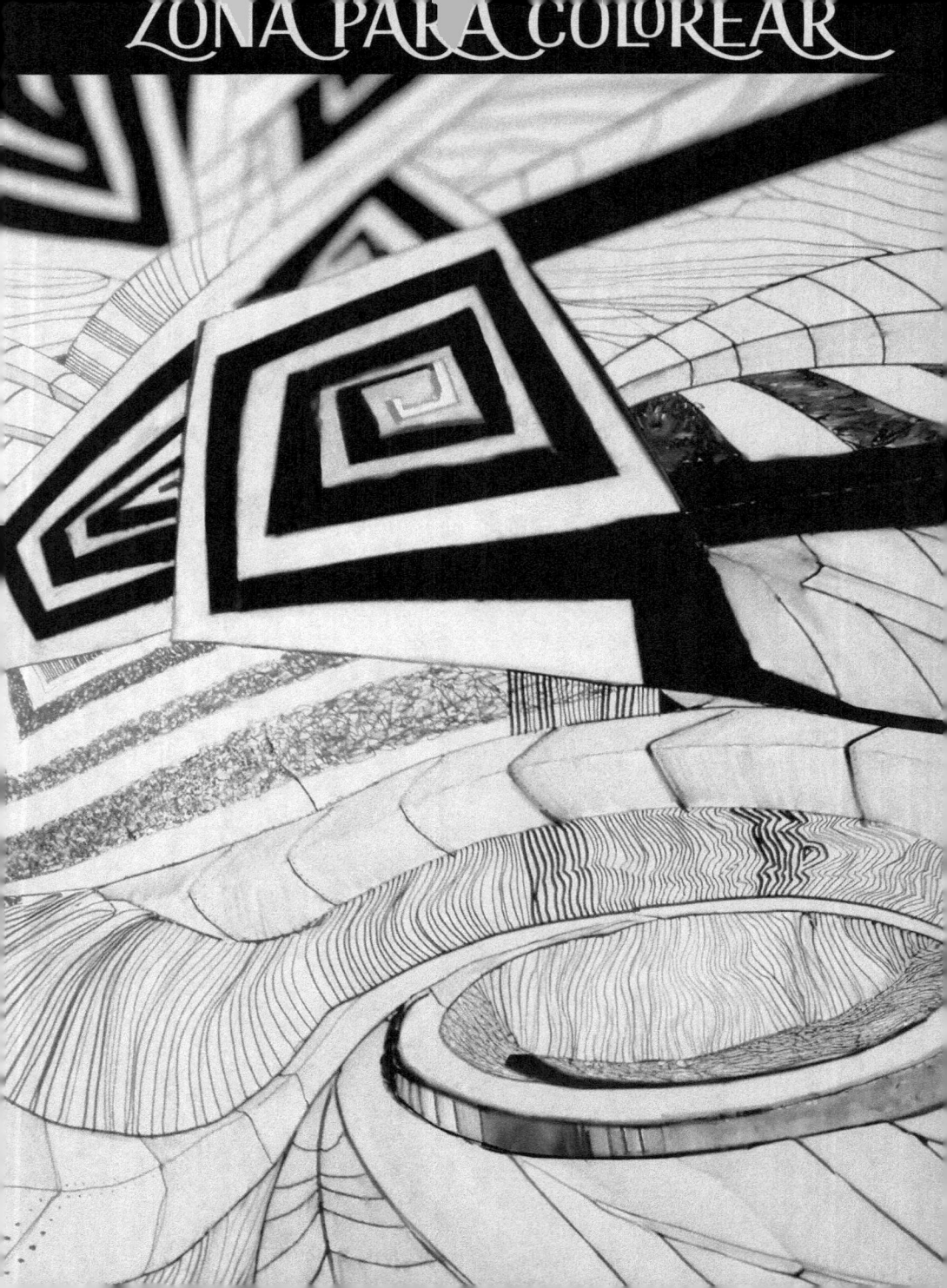

ZONA DE GARABATOS

Querido lector,

Al llegar a la página final de este libro de garabatos, me encuentro reflexionando sobre el viaje que hemos compartido juntos. Ha sido un honor tenerte a mi lado mientras explorábamos los reinos de la creatividad y la autoexpresión a través de estos simples pero profundos dibujos.

Quiero expresar mi más profundo agradecimiento por acompañarme en esta aventura. Tu presencia ha añadido profundidad y significado a estas páginas, convirtiéndolas de simples dibujos en un vibrante tapiz de experiencias y emociones compartidas.

Aunque ahora nos despedimos, quiero asegurarte que nuestro viaje juntos está lejos de terminar. Aunque este libro llegue a su fin, nuestros caminos seguramente se cruzarán de nuevo en el vasto paisaje de la creatividad.

Mientras tanto, te insto a recordar la sabiduría que reside en el silencio. Es en los momentos tranquilos de contemplación donde a menudo encontramos paz y claridad. Ya sea a través del arte o simplemente garabateando en una página en blanco, que siempre encuentres consuelo en la tranquilidad de tus propios pensamientos.

Hasta que nos volvamos a encontrar, recuerda abrazar el silencio, porque dentro de él yace la clave para desbloquear el potencial ilimitado de tu imaginación.

Con sincera gratitud,

Paul Coby

www.ingramcontent.com/pod-product-compliance
Lightning Source LLC
Chambersburg PA
CBHW070314230526
45470CB00002B/877